农村留守儿童社会性发展

NONGCUN LIUSHOU ERTONG SHEHUIXING FAZHAN

LUFANG ZHU

陆 芳◎著

北京师范大学出版集团
BEIJING NORMAL UNIVERSITY PUBLISHING GROUP
北京师范大学出版社

图书在版编目(CIP)数据

农村留守儿童社会性发展/陆芳著. —北京：北京师范大学
出版社，2023.12
　（京师心理研究）
　ISBN 978-7-303-28933-2

Ⅰ. ①农… Ⅱ. ①陆… Ⅲ. ①农村－儿童－社会教
育－研究－中国 Ⅳ. ①G61

中国国家版本馆 CIP 数据核字(2023)第 032060 号

图书意见反馈　　gaozhifk@bnupg.com　010-58805079

出版发行：北京师范大学出版社　www.bnup.com
　　　　　北京市西城区新街口外大街 12-3 号
　　　　　邮政编码：100088
印　　刷：北京天泽润科贸有限公司
经　　销：全国新华书店
开　　本：710 mm×1000 mm　1/16
印　　张：9
字　　数：175 千字
版　　次：2023 年 12 月第 1 版
印　　次：2023 年 12 月第 1 次印刷
定　　价：48.00 元

策划编辑：周雪梅　　　　　责任编辑：葛子森　乔　会
美术编辑：焦　丽　李向昕　装帧设计：焦　丽　李向昕
责任校对：陈　荟　　　　　责任印制：马　洁

目　录

第一章　农村留守儿童社会性发展研究的文献分析⋯⋯⋯⋯ 1
　　第一节　儿童社会性发展概述 ⋯⋯⋯⋯⋯⋯⋯⋯⋯⋯ 1
　　第二节　农村留守儿童社会性发展的研究现状 ⋯⋯⋯ 12
　　第三节　农村留守儿童社会性发展的研究展望 ⋯⋯⋯ 18
第二章　农村留守儿童社会性发展的现状调查 ⋯⋯⋯⋯⋯ 21
　　第一节　农村儿童社会性发展的问卷编制 ⋯⋯⋯⋯⋯ 21
　　第二节　农村留守儿童社会性发展现状的实证研究 ⋯ 27
　　第三节　农村留守儿童心理安全感的实证研究 ⋯⋯⋯ 34
　　第四节　农村留守儿童道德敏感性发展的实证研究 ⋯ 44
第三章　农村留守儿童的人格特点与社会性发展 ⋯⋯⋯⋯ 53
　　第一节　农村留守儿童人格特点研究的文献分析 ⋯⋯ 53
　　第二节　农村留守儿童人格特点与社会性发展关系的
　　　　　　实证研究 ⋯⋯⋯⋯⋯⋯⋯⋯⋯⋯⋯⋯⋯⋯ 59
第四章　农村留守儿童的家庭环境与社会性发展 ⋯⋯⋯⋯ 67
　　第一节　家庭中的亲子关系 ⋯⋯⋯⋯⋯⋯⋯⋯⋯⋯⋯ 67
　　第二节　农村留守儿童亲子依恋与社会性发展研究的
　　　　　　文献分析 ⋯⋯⋯⋯⋯⋯⋯⋯⋯⋯⋯⋯⋯⋯ 73
　　第三节　农村留守儿童亲子沟通与社会性发展关系的
　　　　　　实证研究 ⋯⋯⋯⋯⋯⋯⋯⋯⋯⋯⋯⋯⋯⋯ 79
第五章　农村留守儿童的学校环境与社会性发展 ⋯⋯⋯⋯ 86
　　第一节　学校中的同伴关系 ⋯⋯⋯⋯⋯⋯⋯⋯⋯⋯⋯ 86
　　第二节　农村留守儿童同伴关系与社会性发展关系的
　　　　　　文献分析 ⋯⋯⋯⋯⋯⋯⋯⋯⋯⋯⋯⋯⋯⋯ 89
　　第三节　农村留守儿童友谊质量与社会性发展关系的
　　　　　　实证研究 ⋯⋯⋯⋯⋯⋯⋯⋯⋯⋯⋯⋯⋯⋯ 94

第六章　与农村留守儿童发展风险和保护因素有关的教育对策………… 101

　　第一节　筑牢家庭防线，营造农村留守儿童成长的良好氛围……… 101

　　第二节　发挥学校主阵地作用，促进农村留守儿童的健康成长……… 106

　　第三节　构建社会支持体系，共同关注农村留守儿童发展……… 111

　　第四节　培养农村留守儿童积极品质，增强风险抵抗能力……… 115

参考文献……………………………………………………………… 121

第一章　农村留守儿童社会性发展研究的文献分析

生理发育、认知发展及社会性发展是个体发展的三大主题，其中认知发展和社会性发展，是发展心理学研究的重要领域。农村留守儿童不仅面临着父母远离及他人抚养的成长背景，而且身处于城乡发展、农村学校教育等时代背景，这些交织在一起共同影响着农村留守儿童的社会性发展。

第一节　儿童社会性发展概述

一、儿童社会性发展的内涵

传统的发展心理学研究较多重视人的认知和品德的发展与培养，20 世纪 80 年代后期，随着人们逐步深入地认识到个体个性培养和社会性发展的重要性，心理发展的研究开始由"认知中心"转向重视儿童个性和社会性的全面发展。知识、技能之外的情感、态度、交往行为等社会性发展，既是现代教育的重要目标，也是儿童全面发展不可或缺的组成部分。

(一)儿童社会性发展的相关概念

1. 社会性与社会性发展

在不同的学科中，社会性有不同的含义。从社会学角度来说，社会性是指由人的社会存在所获得的一切特征，是符合人类整体运行发展要求的，符合人的社交与群居倾向基本特性的，主要包括利他性、依赖性、自觉性等，区别于人的自然属性的社会属性。就个体而言，社会性既包括从出生时所处的既定历史条件和社会关系中获得的先赋社会性，也包括通过自身活动继承、学习、创造而获得的后成社会性。

不同于社会学的解释，心理学家强调社会性是指人在与社会生活环境相互作用的过程中，由于参与社会生活、与人交往，在其固有的生物特性基础上形成的心理和行为特征，包括掌握社会规范、形成社会技能、学习社会角色、获得社会需要、发展社会行为等。这些特征使个体能够更好地适应周围的社会环境，正常地与人交往。例如，陈会昌(1994)、林崇德(2009)的相关概念界定都特别强调了社会性是通过社会交往、参与社会生活逐渐形成的独特的心理特性。张文新(1999)认为社会性是指儿童在与他人关系中表现出来的行为模式、情感、态度和观念。还有一些学者提出，社会性是个体在与社会文化环境的相互作用中，在获得社会规范、掌握社会技能、扮演社会角色及约束自身社会行为等方面表现出来的情感、性格等心理特征(甘剑梅 等，2013；俞国良 等，2013)。

理解社会性这个概念需要注意两个方面的问题。第一，社会性与自然性不同。自然性是指人在生物学意义上区别于动物的特征，包括生理结构、生理功能和生理需要等，受到遗传因素的直接影响。社会性则与个体生活于其中的社会现象和社会关系有关，通常发生于个体与他人的相互作用中，遗传因素在其中只能发挥间接效应而非直接影响。第二，社会性中的社会认知与人对自然事物的认知有所区别。个体对社会事物的认识，如道德认知、关系认知、观点采择、心理理论等，都属于社会认知，而对客观自然事物属性的认识，如有关颜色、形状、大小等特性的知觉及触感的记忆等，均属于传统意义上的自然认知。也就是说，社会性是除生理和认知以外的一切心理特征。

社会性发展则是社会性的各个方面随年龄而发生的变化，是指个体在参与社会生活及与他人相互交往和相互作用的过程中，发生的影响其社会适应的心理和行为方面的一些变化，包含两个方面的要素：(1)社会性发展的背景必然发生在个体与各种社会关系的相互交往和相互作用的过程中，交往指个体与父母、朋友、同学、教师等之间的人际互动；(2)社会性发展的结果是形成认知、情感、行为等方面的心理特性，如社会信息加工特点、对自我的认知、亲社会行为或攻击行为等。

社会性发展是个体从自然人转化为符合社会要求的社会人的过程中发生的一系列变化，是心理发展的主要内容之一。个体的社会性发展贯穿于人的一生，在人生不同阶段，社会性发展的任务和内容也会有所不同。比如，幼儿的社会性发展是幼儿在与社会环境的相互作用下，了解与初步掌握社会规范，掌握社会生活技能，处理人际关系，逐渐适应社会生活的心理发展过程(杨丽珠 等，2011)。青少年的社会性发展则涉及建立自我同一性，发展与同伴的亲密关系等。

2. 社会化

心理学、教育学、社会学和人类学等不同学科根据自身的性质和任务，从不同的角度对社会化加以研究。心理学家关注个体在社会性发展和演变中的各种心理规律；教育学家重视教育对儿童社会化过程的影响和作用；社会学家把影响因素扩展到家庭、工作单位及政治、经济、传播媒介等社会大环境；文化人类学家则从种族、民族的演变和形成的独特视角，研究各种文化和亚文化模式如何影响人的社会化过程。在研究个体社会性发展的各种心理规律时，心理学研究者常常把社会性发展与社会化等同使用，但实际上两者强调的角度并不相同。

社会化是个体形成和发展社会心理特性的过程，强调人的社会特性持续发展和演变的过程。社会性发展是社会化的内容、结果与目标，更关注个体通过社会化形成和发展的社会心理特性。一方面，这些心理特性包括了共性的成分。例如，儿童在社会环境、人际交往和教育的影响下，逐渐学习和掌握社会知识、技能和规范，形成适应社会的情绪情感、态度、价值观和行为方式，这些都是帮助个体更好地与社会相协调的心理共性。另一方面，这些心理特性还涉及个性的成分，是儿童形成独特风格和特征的过程。因此，社会化和社会性发展是儿童心理发展中同一个过程的两个方面，彼此相互促进、相互影响。

(二)儿童社会性发展的研究内容

早期学者对社会性发展的研究相对较为狭窄，认为人的社会性主要包括人的社会知觉和社会行为方式，人们通过社会知觉觉察他人的想法，向他人表达行为的动机和目的，通过社会行为的学习掌握约定俗成的举止行为、道德观念，进而适应社会。但随着研究的逐步深入，情绪发展、社会道德、自我认知和社会技能等，都被纳入社会性发展的范畴(Shaffer，2005)。

我国学者就社会性发展的研究内容也提出了很多自己的观点。例如，陈帼眉(2009)认为，社会性发展的内容主要涉及自我概念、情绪、亲社会行为和攻击行为、性别化、亲子关系、同伴关系、道德等方面。周宗奎(1995)将社会性划分为社会认知、情绪社会化、性别角色与性别差异、道德发展、成就动机与成就行为、社会技能。张文新(1999)的社会性发展则包括了儿童的依恋、社会认知、道德与亲社会行为、攻击、性别差异与性别角色，以及儿童自我系统的发展。

综上所述，有关社会性发展的研究内容，尽管不同的学者有不同的研究侧重点，但是从概念上讲，凡是与自己、他人及社会有关的心理现象(认知的、情感的、行为的)发展都属于社会性发展的研究内容。因此，社会性发展的研究更多被操作化为社会认知、社会情感、社会行为、社会关系等不同维度(陈会昌，1994；石绍华，1994；俞国良 等，2013)。社会认知(归因、社会观点采择等)、社会情绪(情绪理解、情绪调节等)、人际关系(依恋、同伴关系、友谊等)、道德发展(道德认知、亲社会和反社会行为等)及自我概念和性别角色等，都成为儿童社会性发展的重要研究主题。研究者不仅要清晰描述儿童与同伴、成人间的关系，儿童的情绪表达与调节能力，儿童对社会事件、社会问题的认识和态度，以及儿童在人际互动中展现出来的社会行为，而且要准确分析上述特性发展的趋势。此外，社会性发展领域的学者还会进一步探讨儿童社会认知、情感和行为的影响因素，即儿童在获得社会性的过程中，家庭、学校、社区、媒体、社会文化、人际互动和先天遗传等因素的作用。

(三)儿童社会性发展的研究意义

儿童在每天与同伴、成人互动的过程中，会学到许多情感、态度、行为，这对他们的未来发展会产生积极或消极的影响。例如，儿童在交往中习得了良好的社会规范，掌握了有效的人际交往方法和策略，就更容易成为适应良好的社会成员。

因此，研究儿童社会性发展，有助于研究者更好地认识儿童社会性发展的变化趋势，构建内外影响因素与儿童社会性发展的关系模型，探究社会性发展的主导因素及其作用机制、影响路径，进一步丰富儿童发展的相关理论。然而，研究儿童社会性发展，更重要的是将获得的研究成果用于指导儿童教育实践。一方面，这些研究成果可以帮助家长和教育工作者在实际生活和工作中，掌握正确的儿童社会性发展知识，更好地理解儿童的情绪和行为，获得必要的实践教育技巧和应对方法，并将这些知识和方法转换成切实可行的具体操作方案。家长和教育工作者通过开展有效的亲子互动、课堂交流等活动，向儿童展示被社会接纳的行为规范，帮助儿童建立对自己的积极认知，提升儿童与他人有效交往的能力，满足儿童的社会性发展需要，使他们的认知学习和社会适应更加顺利。另一方面，这些研究成果还能为政府决策提供科学依据，促进教育政策、学校制度及家庭福利政策更加符合儿童身心发展规律，为社区、学校、家庭等提供更多的理论和实践指导，增强全社会对儿童的保护意识，帮助儿童自觉减少和有效制止危害自身健康发展的行为。

二、儿童社会性发展的主要理论

对儿童社会性发展的本质、内容及影响因素等进行探讨和阐释的理论，主要包括精神分析理论、社会学习理论、认知发展理论和人类发展生态学理论等。

(一)精神分析理论

儿童社会性发展的理论研究始于弗洛伊德(S. Freud，1856—1939)。弗洛伊德创立的精神分析理论在心理学史上最早描述了人的社会性发展过程，直接推动并促成了心理学工作者对儿童社会性发展的研究。

1. 弗洛伊德的经典精神分析理论

弗洛伊德就人格发展的动力、人格结构及人格发展阶段提出了观点，描绘了儿童社会性形成和发展的轨迹。他认为，潜意识的性本能是个体心理的基本动力，是决定个体和社会发展的永恒力量。人格结构包括本我、自我和超我：本我处于人格中的无意识层面，在儿童出生时就存在，按快乐原则行事，强调即时满足身体的本能需要和欲求；自我是人格中实际的、理性的成分，在生命的第一年就从本我中分化出来，按照现实原则行事，总是努力找到一种现实可以接受的办法去满足本我的本能冲动，保护个体不受现实中可能存在的伤害；超我在儿童3～6岁内化社会道德标准时形成，是在自我的基础上发展而来的良知或内在的道德判断，遵循道德原则，发挥抑制本我冲动和监控自我的功能。实际上，超我就是社会化的结果，超我形成的过程就是社会化的过程。

弗洛伊德认为，儿童早期的生活经验即人格结构中本我、自我和超我之间的相互关系，决定着成年期的人格发展状况。当三者处于和谐、平衡状态时，个体的人格就会健康成长，而三者互不相让、失去平衡时，个体就会承受各种内心冲突和矛盾，体验到焦虑、不安。在人格发展的历程问题上，弗洛伊德提出了"心理性欲发展阶段"(stages of psychosexual development)，根据力比多或心理能量在各个时期集聚的身体部位不同，划分出五个阶段：口唇期、肛门期、性器期、潜伏期和生殖期。

2. 埃里克森的自我发展理论

新精神分析的代表人物埃里克森(E. Erikson，1902－1994)在继承弗洛伊德人格结构理论的基础上，提出了心理社会发展阶段理论(theory of psychosocial development stage)，也称人格渐成论。

该理论主要有三个观点。第一，在考察儿童人格发展时既要考虑生物因素对儿童心理发展的影响，也要考虑社会文化因素的作用，人的心理发展是自我与社会环境相互作用的结果。第二，要特别关注人格中自我的发展和变化，自我在儿童与周围环境的相互作用中发挥着整合的功能，扮演着本我冲动与超我要求之间调解者的角色，其作用不亚于本我，能够帮助个体更好地适应社会。第三，个体的人格发展遵循渐成原理，呈现出八个发展阶段，每一个发展阶段都存在着独特的发展危机或儿童与社会环境之间的冲突。个体与所处环境之间的相互作用决定着个体每个阶段心理发展的成败，使个体最终形成与这一阶段相应的积极或消极品质，并促进或妨碍个体下一个阶段的发展。例如，在儿童早期的信任对不信任阶段，父母是最重要的影响因素，当婴儿感到饥饿、寒冷、疼痛、无聊时，如果父母能够表现出一致、稳定、积极的态度和行为反应，他们就会对父母产生基本的信任感。

(二)社会学习理论

社会学习理论主要探讨儿童如何通过模仿或观察学习产生社会行为,对儿童社会性发展的研究同样产生了重要影响。

1. 儿童社会行为的发生机制

班杜拉(A. Bandura,1925—2021)在研究了儿童的攻击行为、抵制诱惑、亲社会行为以后,提出了人是在社会实践中通过观察和模仿榜样发展其人格和社会性的,人在成长过程中获得的行为模式主要是人的内部因素、行为和环境相互作用的结果。儿童的许多社会行为,如对他人的信任、对自己攻击冲动的抑制等,都不是性本能发展的产物,而是通过对周围环境中现实的或象征性的榜样行为的模仿而获得的,主要依赖于儿童对榜样的观察。由于知识、能力、经验及年龄上的差距,儿童往往选择自己的父母、老师或兄长作为学习榜样,有意识地模仿他们的态度和行为。因此,模仿在儿童社会行为的习得中是一种十分重要的途径或机制,是一个由注意、保持、动作表征和动机四个子过程组成的复杂过程。

在模仿或观察学习过程中,儿童可以不用参与实际的活动,不必直接做出反应,也不需亲自体验强化,便可获得新的知识和行为。但行为最终能否建立,还取决于模仿行为发生后是否出现替代强化或自我强化。儿童在各种强化的作用下,对自己的行为做出反应和调整,并以此形成思想、行为和个性特点。后来,班杜拉的研究兴趣转移到个体自我效能感(self-efficacy)。他认为,个人对影响其生活的事件持有的控制感或能力判断,决定着他们试图去做什么、在做的过程中付出多大努力等。

2. 观察学习在儿童社会性发展中的作用

作为社会学习理论的代表人物,班杜拉特别重视观察学习在儿童社会性发展中的作用。这方面的研究主要集中在儿童的攻击行为、亲社会行为、性别角色的获得等方面。例如,班杜拉在研究人类攻击行为的形成过程后明确指出,人类的攻击行为既不是先天的本能,也不是因为受到了挫折才发生的,个人的直接经验和观察学习都是习得攻击行为的重要途径,家庭成员、社区文化和大众传媒是儿童现实生活中习得攻击行为的三个主要来源。而仅仅依靠训练或强制性的命令让儿童学习亲社会行为,往往也只会一时奏效而不能稳定持久,只有通过让儿童观察正确的行为模式,才能使儿童表现出更多的分享、助人、合作和利他等亲社会行为。

在性别角色形成方面,班杜拉同样认为,儿童在很小的时候就开始模仿两性行为。由于社会强化的影响,儿童更多习得的是符合自己性别的行为,表现出成人根据儿童性别予以赞扬的那些行为,由此建立起符合社会标准的性别化行为。

(三)认知发展理论

尽管认知发展理论的研究重心是儿童认知和思维发展，但皮亚杰（J. Piaget，1896—1980）和柯尔伯格（L. Kohlberg，1927—1987）等人对社会性发展与认知发展的关系及儿童道德认知发展的相关论述，同样体现了他们在儿童社会性发展方面的思考和研究成果。

首先，关于认知发展与社会性发展之间关系的思考。认知发展理论认为，儿童的社会性发展和认知发展是相互依存而非彼此分离的关系，但相对而言，认知发展是一个更为基本的过程。也就是说，认知发展是社会性发展的重要基础，儿童的某些特定社会机能只有在相应的认知机能形成之后才能出现，社会性发展特点往往与该阶段的认知发展水平存在某种对应关系。例如，学前儿童对物理客体的认知具有"中心化""不可逆性"等特点，导致他们只能注意到物体的突出特征或主要维度，而不能综合考虑不同维度之间的关系，这种认知水平使他们的社会发展表现出相似特性：儿童往往更多地从自己的视角去理解他人，注意不到他人与自己观点的不同。只有等儿童拥有了"去中心化"的认知能力，他们才能克服自我—他人关系认知中的"自我中心主义"，逐渐学会采择他人的观点。

其次，儿童道德发展与思维发展一样具有阶段性和方向性。皮亚杰认为，儿童道德认知的发展是由他律道德向自律道德转变的过程，可分为自我中心、权威、可逆及公正四个阶段。柯尔伯格则把道德认知发展划分成前习俗、习俗和后习俗三级水平六个阶段，并具有固定不变的顺序，他认为环境和社会文化因素只能决定道德发展的内容和速度，并不能影响其发展顺序。同时，道德认知发展理论提出，同伴交往比成人权威的单向讨论更能促进儿童的道德发展，只有增进儿童与同伴的交往与合作，才能促使他们相互遵守共同约定的准则，逐渐摆脱自我中心主义倾向，获得更高水平的道德发展。

(四)人类发展生态学理论

20世纪70年代，美国心理学家布朗芬布伦纳（Bronfenbrenner，1917—2005）提出的人类发展生态学理论（ecological systems theory），对儿童社会性发展的研究起到了极大的推动作用。

人类发展生态学理论关注儿童所处的多重系统，及它们之间的关系对其发展的影响，强调研究"环境中的发展"或"发展的生态学"的重要意义，其中"生态"即指个体正在经历着的、与个体有着直接或间接联系的环境。该理论认为，影响儿童发展的生态环境包括微观、中间、外层和宏观四个系统。这些系统与个体相互作用，直接或间接地影响儿童的发展，从近（家庭、同伴群体等）到远（社会价值观、法律政策等）相互嵌套，构成了一个完整的生态系统。其中，微观系统是指与儿童生活和发展直接接触且紧密联系的环境，包括儿童的家庭、学校和同伴群体，这些环境对儿童早期发展有着直接的、重要的影响作用，但其重要性、影响力会随着时间推移发生变化。中间系统是指个体所处的两个或两个以上微观系统之间的相互关系，如学校和家庭，家庭和同伴群体之间的关系。中间系统包括微观系统组成部分之间的相互关系，如父母和老师之间的关系、父母和儿童同伴之间的关系、家庭成员之间的关系等。外层系统是中间系统的延伸，指个体并未直接参与但对其生活和发展产生间接影响的环境，包括家庭经济水平、父母的文化水平和工作单位、大众媒体、社区医疗等。宏观系统是指儿童所处的整个社会环境及其意识形态背景，由政治、经济、文化、社会准则、行为规范、风俗习惯、价值取向、法律政策等因素组成。

在研究儿童心理与行为的发展变化时，人类发展生态学理论提倡对儿童发展的分析不能仅停留在微观系统上，还要将研究对象置于赖以生存的相互关系、相互影响和相对稳定的成长背景中，从个体与各种生态因素的交互作用中把握其发展的态势和规律。例如，研究儿童的亲社会行为，不仅可以分析儿童自身和家庭环境特点的影响，还可以考虑不同文化背景、父母职业状况及家校协同机制等其他变量是否发挥了一定的调节和中介作用。

（五）各种社会性发展理论的教育启示

1. 精神分析理论对促进儿童社会性发展的教育启示

精神分析理论自问世以来，有关早期经验对儿童人格健康发展的重要性，以及本我、自我和超我三者之间的矛盾和斗争在心理发展中的作用论述等，引起了人们对儿童早期经验、早期教育和儿童心理健康问题的重视。埃里克森更是从弗洛伊德的狭隘亲子关系研究中解放出来，力图在更加广阔的社会背景中研究儿童发展，帮助人们辩证地认识儿童社会性发展中蕴含的积极和消极因素，以及发展的可塑性问题。但精神分析理论把生物的性本能作为人格发展的原始动力，研究方法缺乏科学性和严谨性，这也是其局限所在。

精神分析理论认为，个体幼年时获得的抚养体验对其今后的人格发展具有重要影响，很多青春期和成年期表现出来的心理健康问题都与早期经历有着直接和紧密的关系。因此，父母应重视儿童的早期成长经历，给他们提供一个良好的早期教育环境，给予适宜的控制和教育，这样有利于儿童个性和社会性的健康发展。学校教育工作者则不仅要重视知识和技能的传授及儿童智力的发展，更应该树立"全人发展"、成才成人的教育意识，关注儿童的内在情感体验与人格的全面培养，引导他们在求知过程中收获快乐和自信，发挥优点和潜能，让儿童得到自由、充分、全面、和谐、持续的发展，形成积极、健康的心理品质。

2. 社会学习理论对促进儿童社会性发展的教育启示

班杜拉创立的社会学习理论是有关人格和社会性发展的学说，从人的社会性角度研究学习问题，认为儿童的行为是通过观察学习，经由个人内在因素和外部环境因素的相互作用而获得的。这种观点确实反映出人类学习的特点，具有一定的理论和实用价值。但该理论忽视了生物成熟因素在儿童社会行为发展中的作用。例如，年幼儿童较低的记忆和生理发育水平会制约他们对他人行为的模仿。

社会学习理论十分强调榜样示范、社会环境和自我强化对个体行为的形成和发展所起的重要作用，具有一定的积极意义。父母和教师的行为、思维方式、情感、态度和价值观往往会对儿童产生潜移默化的影响，因此，父母和教师需要注意自己在儿童面前的言谈举止、行为表现，从小事做起，做好表率，用"身教"来感染和影响儿童。同时，父母和教师还可以有意识地把那些有着良好品行和学习习惯的同伴确立为儿童学习的榜样，促使儿童自觉向好的方向发展，并适当管控儿童接触的文学作品和电视、网络节目等，发挥大众传媒在儿童成长中的正面影响力。此外，父母和教师还要善于将环境中的外部强化转化为儿童的自我强化，帮助他们主动运用内化了的评判标准调节自身行为，有计划地组织学习活动，并进行自我指导、自我监控和自我评价，充分发挥自我强化在形成良好行为模式中的激励作用。

3. 认知发展理论对促进儿童社会性发展的教育启示

皮亚杰提出的主客体相互作用观和认知发展阶段论，极大地丰富和深化了儿童心理学的研究成果，是现代儿童心理学宝库中的一笔重要财富。尽管该理论的研究重心是认知发展，但是同样对后来的儿童社会性发展研究及其相关教育活动产生了深远影响。

认知发展理论在道德发展的开拓性研究，尤其是有关儿童道德判断和观点采择方面的社会认知研究，具有较好的现实指导意义。首先，由于儿童的道德发展具有阶段性，在对儿童进行道德教育时，应注意避免成人化倾向，既不错过教育时机，也不揠苗助长。选择的教育内容和形式既要与儿童当下的年龄和认知发展水平相吻合，也要以下一个道德发展水平为引领方向，只有这样才能促使儿童更好、更快地掌握社会规则，准确判断行为责任。例如，处于前运算阶段的学前儿童的思维活动受具体表象的束缚，对他们进行道德教育时可以从身边具体的人和事入手，以可接触、可感知的具体道德实例为载体，帮助他们培养良好的道德认知、道德情感和道德行为。其次，儿童只有在与同伴的交往与合作中，才能更好地建立起公正感、责任感和合作精神等道德意识与道德情感。父母和教育工作者应为儿童提供更多共同完成任务、解决冲突和问题的活动，通过儿童间的沟通、交流、分享和妥协等相互作用，让他们学会相互理解，摆脱自我中心性，使遵守规则逐渐变成儿童内在的需要而非外部要求，顺利实现由他律水平向自律水平的道德过渡。

此外，皮亚杰认为儿童是主动学习和发展的，从一出生他们就是自身发展的重要动因。他们积极从环境中寻找、选择适宜的刺激，主动地与环境发生交互作用，并在这种交互作用中不断建构着自己的经验系统或认知结构。教育工作者要认识到儿童的自主性和积极参与在道德发展中的重要作用，给他们提供与当前发展阶段相宜的经验刺激，发挥主动引导的作用，还要避免利用权威身份进行自上而下的发号施令、训斥指责，避免采用说教式的方法给儿童灌输现成的知识，或者对他们进行过多成人化的思维训练。

三、儿童社会性发展的研究方法

社会性发展研究是一种科学研究。无论什么样的社会性发展研究，研究者都既要探究个体的社会心理和社会行为是如何随年龄而变化的，回答"是什么"的问题，描述心理现象，又要探究个体社会心理和社会行为为什么会发生变化，理解隐藏在儿童心理发展背后的深层机制和原因，回答"为什么"的问题。无论描述性还是解释性的社会性发展研究，常用的数据收集方法都包括观察法、访谈法、问卷法、实验法和社会测量法等。

(一)观察法

儿童不善于掩饰自己的情绪和行为，这使他们的心理活动具有突出的外显性。研究者通过观察儿童外部行为，可以很好地了解他们的心理活动。因此，观察法一直是儿童社会性发展的主要研究方法之一，特别在 20 世纪 30 年代以前，研究者大多采用观察法描述儿童在幼儿园或学校等自然情景中发生的行为和事件，并在此基础上进行分析探讨。例如，研究者曾对 6 岁以下的儿童进行观察，发现身体攻击和言语攻击都存在明显的性别差异（Maccoby et al.，1980）。再如，研究婴儿自我意识发展的点红实验也采用了观察法（Lewis et al.，1979）。我国学者张文新等(1996)曾对 242 名学前儿童的攻击行为进行了观察。在这项研究中，他们对观察对象、观察内容、观察时间、观察地点和观察方法等都进行了明确的设计。

(二)访谈法

20 世纪 40 年代，父母和家庭对儿童人格和社会性发展的影响开始受到人们的关注。一些研究者以精神分析理论和学习理论为指导，探讨母亲的教养实践与儿童人格和社会性发展的关系。他们通常就母亲在喂养、大小便训练等各个方面的教养实践进行访谈，然后利用投射技术分析儿童后期的人格发展特点，最后探讨母亲的教养实践与儿童后期人格发展特点之间的关系。与观察法相似，访谈法同样要事先制订包括研究目的、访谈提纲和研究计划的一整套研究方案。例如，西尔斯等人（Sears, et al.，1957）在母亲教养实践研究中设计了 72 个开放式问题，以了解母亲在儿童喂养、大小便训练等方面的教养行为，以及儿童在依赖性、攻击性和性别化等方面的发展特点，通过分析两者之间的关系，考察父母养育行为在儿童人格和社会性发展中的作用。

(三)问卷法

由于心理学研究对象的特殊性和问卷法自身的日益完善，研究者越来越多地采用统一、严格设计的问卷来收集儿童的人格和社会性发展数据资料。例如，美国耶鲁大学制定的幼儿社会性和情绪状况评价量表，包含外化问题、内化问题、失调问题和反应能力四个维度，主要测查儿童生理、情绪、行为和交往等方面的问题和能力特点(张建端 等，2007)。陈会昌(1994)编制的儿童社会性发展量表，则从社会认知、社会情绪、社会技能、道德品质和意志品质等方面，分析学前儿童的社会性发展水平。这些问卷都是收集儿童社会性发展数据的常见工具。

(四)实验法

虽然上述方法可以帮助研究者获得所需的数据，但是这些方法的共同缺陷是无法对变量间的关系进行因果推断，无法利用这些数据分析儿童社会性发展的深层机制。在这种情形下，研究人员就需要考虑采用实验研究的方法，通过创设一定的情境，对研究变量进行操纵和控制，以更加科学严谨的因果关系推断来探讨儿童社会性发展。早期儿童社会性发展的研究多在实验室中进行，以20世纪60年代班杜拉为代表开展的儿童社会行为研究最具特色。他们对实验情境和实验条件进行了严密的控制，获得了许多有关儿童社会行为形成、发展和变化规律的结论。

(五)社会测量法

心理学家莫里诺认为(Moreno，1937)，每一个群体中成员与成员之间都存在着交往和相互作用的关系，这种关系会使他们的心理产生相互影响并反映到彼此之间的行为上。社会测量法指研究者通过考察在特定情境下成员之间的相互选择行为或行为意向，了解他们的人际关系状况：成员相互之间的肯定选择，意味着他们在心理上是相互接纳的关系，否定选择则说明彼此间的心理排斥。通过社会测量，人们不仅可以了解成员与他人关系状况和成员在群体中的地位，还可以了解群体中最受欢迎的人、群体中有无非正式小群体，以及整个群体的结构状况等。以儿童社会性发展研究中较为重要的同伴关系研究为例，同伴提名法(peer nomination)、同伴评定法(peer rating)是常用的社会测量技术。同伴提名法是指在一个社会群体，如一个班级中，让每个儿童根据某种人际关系标准对所给定的名单或照片限定提名，说出他们最喜欢的和最不喜欢的同伴。同伴评定法是给儿童提供全班同学的点名册，要求他们用3点、5点或7点等级评定量表，对同伴群体内所有其他成员的被欢迎或被拒绝程度做出等级评定。

尽管儿童社会性发展的研究方法多种多样，但是各种方法均有其优势和缺陷。例如，实验法虽然可以对无关变量进行严格的控制，研究结果具有较高的内部效度和科学性，可以进行因果推断和解释发展机制，但是通过实验室实验得出的结论往往难以在真实、自然情景中推广；问卷法虽然实施简便，能极大地节省人力、物力和经费，但是答题方式容易丢失许多信息，不利于问题的深入分析和研究；访谈法虽然能有针对性地收集研究数据，适用于一切具有不同口头表达能力、不同文化程度的访谈对象，但是这种方法费时费力，所得资料不易量化，而且对访谈者自身素质的要求较高；社会测量法虽然能够比较好地以量化的方式揭示群体内不被当事人觉察的人际关系状况，但是有时会涉及一些道德伦理问题，需要研究者注意。

由此可见，研究者采用某种方法获得数据资料时，还需要配合使用其他方法。例如，在观察儿童一般言行之外，研究者可以同时分析儿童其他的相关作品或成果，或采用实验设计进一步探讨各种发展变量间可能存在的因果关系，或通过访谈获得更多有价值、深层次心理特征方面的信息等，使资料更客观、全面、准确，更接近儿童真实的心理和行为反应，使研究结论具有更高的生态效度。

第二节 农村留守儿童社会性发展的研究现状

通过对现有文献进行归纳整理我们可以得出，有关农村留守儿童社会性发展的研究多基于标签范式，关注其发展的消极表现和不利因素，以"问题化"视角看待和描述留守儿童群体，因此，农村留守儿童社会性发展的研究主要集中在三个方面：情绪和行为特点，社会适应，以及问题预防和干预研究。

一、农村留守儿童的情绪和行为特点研究

长期缺少父母陪伴的农村留守儿童，难以享受父母的情感温暖与关心照顾，渴望亲情的现象普遍存在。替代照料者又大多注重留守儿童的生存和安全需要。在面对陌生问题、产生心理困惑时，这些儿童往往难以获得及时有效的支持和帮助，容易出现情绪和行为问题。

(一)农村留守儿童的情绪特点研究

在情绪问题上，研究者对孤独情绪、抑郁情绪和焦虑情绪关注较多。

第一，孤独情绪的研究。农村留守儿童的父母长期在外打工，亲子之间的沟通交流具有长期间断性、远距离性的特点，孤独感成为儿童日常生活中较为普遍的情绪特点。不少研究发现，留守状况是儿童孤独感水平的一个重要影响变量，农村留守儿童的孤独感显著高于农村非留守儿童组，尤其是母亲外出的

农村留守儿童孤独感更强（凌辉 等，2012；郭智慧 等，2014；范兴华 等，2017；赵文力 等，2016）。孙晓军等（2010）的研究表明，双亲外出打工的留守儿童孤独感体验显著高于单亲外出打工的留守儿童和非留守儿童。但也有研究获得了不一样的结果：是否留守似乎不会对儿童的孤独感产生显著影响（张连云，2011a；刘宗发，2013）。

第二，抑郁情绪的研究。有关农村留守儿童抑郁情绪的研究获得了相对一致的结论：留守儿童抑郁症状的检出率显著高于非留守儿童（杨娅娟 等，2010；吉园依 等，2017），抑郁水平也显著高于非留守儿童（赵文力 等，2016；兰燕灵 等，2009），特别是双亲外出打工的留守儿童的抑郁水平更高（夏慧铃 等，2018）。还有不少研究显示，有抑郁情绪的留守儿童为 30%～40%（夏慧铃 等，2018；吉园依 等，2017；兰燕灵 等，2009）。吴伟华（2016）进一步发现，留守儿童自伤率和自伤水平都显著高于非留守儿童。由此可见，父母外出打工会影响儿童的抑郁情绪，并且母亲外出打工比父亲外出打工的影响更加严重、双亲外出打工比其他留守状况的负面影响也更加突出。

第三，焦虑情绪的研究。留守儿童焦虑情绪的研究通常集中于社交焦虑和一般焦虑情绪。研究发现，留守儿童的社交焦虑发生率显著高于非留守儿童（张顺 等，2007；王晓丹 等，2010）。李光友等（2018）的研究表明，独自留守生活会对留守儿童的社交焦虑产生一定影响，特别是对独自留守女童的社交焦虑影响更为明显。李梦龙等（2019）采用元分析方法分析中国农村留守儿童的社交焦虑状况，结果表明农村留守儿童社交焦虑检出率为 36.1%，显著高于农村非留守儿童的 20.2%。就一般焦虑情绪而言，葛静 等（2011）、赵文力等（2016）的调查研究发现，留守儿童的焦虑水平显著高于非留守儿童。胡义秋等（2018）采用潜在剖面分析方法探究了湖南省 1 292 名留守儿童的焦虑情绪问题，结果发现他们的焦虑情绪存在明显的异质性，可以分为"严重焦虑情绪型""中等程度焦虑情绪型"和"低焦虑情绪型"三种潜在类别，留守男生，留守时间越长、留守初始年龄越小的留守儿童焦虑情绪越严重，而且无论是父亲外出打工、母亲外出打工还是双亲外出打工，都会对留守儿童的焦虑情绪产生较为一致的影响。

(二)农村留守儿童的行为特点研究

父母外出打工使农村留守儿童经历了一次家庭结构的大变动。生活在家庭功能不健全、父母亲情相对缺失的环境中，农村留守儿童缺乏必要的约束和监管，表现出诸多行为问题。

研究显示，留守儿童攻击行为检出率高于非留守儿童，更容易出现攻击、违纪、神经质等问题行为（郝文 等，2020；吴春侠 等，2018；Yang et al.，2020）。中学阶段是留守儿童行为问题爆发的关键时间点（金小红 等，2015），男生比女生、小学生比中学生适应困难和行为冲动的比例更大(黎志华 等,2014)。罗惠文等(2016)研究了父母外出务工对 735 名农村 3~5 岁学龄前留守儿童情绪和行为问题的影响,结果发现留守儿童行为问题、多动和注意缺乏问题的得分均高于非留守儿童,母亲外出务工为学龄前儿童情绪和行为问题的危险因素,对他们的情绪和行为问题可能造成不良影响。但也有研究者提出,农村留守幼儿行为问题发生率与非留守幼儿差异无明显差异(周玉明 等,2019),这可能与幼儿较小、父母离开幼儿的时间较短,幼儿缺少家庭教育和亲情温暖的不良影响尚未达到累积效应有关。

农村留守儿童之所以出现更多的问题行为,部分是因为外出打工家长心存愧疚,过度提供物质补偿及无原则地纵容儿童的行为,导致留守儿童普遍缺乏及时有效的道德教育、价值观指引和必要的约束管教。同时,进入青春期后个体尚未形成是非观与判断能力,受到外界不良风气的影响,往往容易做事冲动、不计后果,这些也增加了农村留守儿童出现道德品行问题和反社会行为的机会。全国妇联在《我国农村留守儿童状况研究报告》(2013)中提到,隔代照料农村留守儿童的祖父母,平均年龄为 59.2 岁,受教育程度很低,绝大部分为小学文化程度,甚至有 8% 的祖父和 25% 的祖母未上过学。由于受教育水平的限制,祖父母在抚养和教育儿童时面临诸多困难和挑战。同时,与小学、初高中相比,学龄前留守儿童的规模在快速膨胀,而义务教育阶段留守儿童明显收缩,早期教育的缺失会影响留守儿童良好行为习惯的养成,为其将来的社会性发展埋下隐患。研究表明,反社会行为往往起始于童年期,部分持续到成年期甚至终生(Compton et al.,2005;Haberstick et al.,2014)。

(三)农村留守儿童情绪和行为特点的影响因素研究

从上述情绪和行为问题的研究结果来看,大多数研究支持留守儿童比非留守儿童存在更突出的情绪和行为问题这一观点,因此,影响留守儿童情绪和行为健康的因素,如留守儿童的性别、人格特点、与父母和同伴的关系、家庭状况、社会支持水平、经历的生活事件等,就成为研究者分析和探讨的热点问题。

首先,有关农村留守儿童的性别和人格特点的研究发现,留守女生的抑郁水平高于留守男生(吉园依 等,2017;夏慧铃 等,2018),独自留守生活对女童社交焦虑的影响更为明显(李光友 等,2018),人格中的神经质、精神质、希望,以及儿童的认知评价、公正世界信念、歧视知觉等认知特点,与他们的抑郁、焦虑等情绪健康呈显著相关(华销嫣 等,2018;兰燕灵 等,2009;赵文力 等,2016;赵景欣 等,2016),其中希望、生命意义、自尊等积极心理品质还是维护留守儿童情绪健康的重要中介或调节因素(夏慧铃 等,2018;杨会芹等,2014)。心理韧性则与攻击行为负向关联,对农村留守儿童攻击行为起一定的保护作用(吴春侠 等，2018)。赵景欣等(2010)的研究表明，农村留守儿童经历的日常烦恼越多，其反社会行为水平越高，日常积极事件则可以有效降低日常烦恼对儿童反社会行为的不利影响。

其次，人际关系也是影响留守儿童情绪和行为的重要因素。研究发现，父母关爱、亲子亲合对留守儿童的抑郁或孤独等情绪状态有即时与延时的负向预测效应(范兴华 等，2018；张庆华 等，2019)，亲子依恋能显著正向预测情绪健康，情绪调节能力在其中起部分中介作用(王玉龙 等，2017)。赵景欣等(2013)分析了亲子关系与农村留守儿童攻击行为的关系，发现照料者与留守儿童的亲合水平越低，留守儿童的反社会行为水平越高，亲子亲合能够显著调节日常烦恼与儿童偏差行为之间的关系，表现出一定的压力抵抗效应，这种紧密的情感联系是降低农村留守儿童偏差行为的重要保护因素。还有研究分析了照料者在留守儿童情绪和行为问题中发挥的作用，如学者赵莲等(2013)提出，照料者与留守儿童保持良好关系及照料者采用温和的、讲道理的教养方式，能减少留守儿童的孤独感。另一项研究表明，隔代亲合是降低农村留守儿童抑郁的重要资源，它不仅可以直接降低儿童的抑郁水平，而且还能通过增加儿童的积极认知评价、减少儿童的消极认知评价来降低他们的抑郁水平(赵景欣 等，2016)。同时，照料者高水平的行为监控能够削弱孤独与单亲外出儿童反社会行为之间的正向关联水平，同样具有一定的保护作用(赵景欣 等，2013)。此外，良好的同伴关系也是维护留守儿童情绪和行为健康的一个重要因素。同伴关系对留守儿童的孤独感具有显著负向影响(凌辉 等，2012；宋静静 等，2017；张连云，2011b)，友谊质量在一定条件下能缓冲留守压力对儿童的不利影响(王晓丽 等，2011)。

其他有关留守儿童情绪健康的风险和保护因素研究表明，家庭中的不良教养方式、躯体虐待都与攻击行为正向关联(郝文 等，2020；吴春侠 等，2018)，家庭亲密度、学校归属感、社会支持等对留守儿童孤独感、抑郁情绪具有一定的预测作用，是农村留守儿童的直接保护因素(吉园依 等，2017；杨青 等，2016；张莉 等，2014)，负性生活事件直接正向预测抑郁，是留守儿童情绪健康的危险因素(夏慧铃 等，2018)。刘衔华等(2014)甚至指出，家庭环境可以预测留守儿童健康危险行为94%的变异，是留守儿童健康危险行为发生的重要影响因素。

鉴于农村留守儿童存在的情绪和行为问题，社会、学校和家长必须重视和加强对农村留守儿童的心理健康教育，开展有效的心理干预，从家庭和学校两大环境为他们提供必要的健康发展支持。

二、农村留守儿童的社会适应研究

学者对社会适应的理解大致有三种取向：一是把社会适应理解为一种人与社会的和谐状态，可称为社会适应状态；二是把社会适应理解为实现人与社会和谐的过程，可称为社会适应过程；三是把社会适应看作人的一种心理品质或人格品质，可称为社会适应性或社会适应心理素质、心理品质（陈建文 等，2004）。可见，社会适应是社会适应状态、社会适应过程和社会适应性三方面内容的统一体。

国内留守儿童社会适应的研究对象大多为农村留守儿童，文献较多集中于分析和探讨社会适应的现状、影响因素。

(一)农村留守儿童社会适应的现状研究

研究发现，农村留守儿童社会适应状况不容乐观，整体社会适应水平显著低于非留守儿童，留守对儿童社会适应有不利影响。农村留守女童较农村留守男童的校内适应更好，留守高中生较留守初中生学习适应更好（徐礼平 等，2013；张更立，2017）。张超等（2018）认为，留守儿童普遍存在学校适应困难，他们大多内向胆小，不会主动与人交流，很少参加课外活动，受到的同伴尊重更少且容易被忽视。张红艳（2011）对农村学前儿童展开的调查研究则表明，留守儿童除自理能力显著更强，他们在学习方式、言语发展及社会交往领域均落后于非留守儿童。但也有研究结果与此不同，如梁凤华（2017）采用社会适应能力诊断量表获得的结论是：是否留守不影响农村初中生的社会适应能力。

(二)农村留守儿童社会适应的影响因素研究

有关影响留守儿童社会适应的因素大致包括家庭、学校、社会、自身及同辈群体等多个方面。

家庭环境被认为是影响留守儿童社会适应的主要原因。父母和孩子是组成稳定家庭的三角系统，当留守儿童长期处于与父母分离的状态时，稳定的家庭三角结构被打破，家庭生态系统失衡，亲子沟通和家庭亲密度受到一定程度的削弱，导致父母对留守儿童的监督和教育减少，父母子系统的缺失、家庭环境支持的缺乏，以及儿童子系统过多的压力，最终导致儿童出现各个方面的适应不良。李培等（2010）发现，同住对象、对父母打工态度、父母回家频率及亲子联系频率对农村留守儿童社会适应存在较为重要的影响。梁凤华（2017）的研究发现，与父母关系越亲密、沟通越频繁的农村初中生，在社会交往中表现得越积极主动，适应环境变化的时间也越短，反之其社会适应能力也会相对较差。

学校相关因素对留守儿童社会适应的作用也得到了证实。支持性学校氛围、教师期望、师生关系亲密度、教师支持、良好的同伴关系、学校归属感等都会对留守儿童有一定的积极影响。例如，与同伴关系越密切，个体的社会适应性越强(梁凤华,2017);同伴社会行为较家庭社会资本对留守儿童社会行为产生的影响更大,同伴的积极行为能有效促进留守儿童的亲社会行为,同伴的消极行为将对留守儿童产生不良影响(李鉴箫,2018)。如果留守儿童在学校生活中常常体验到被排斥、被歧视,就难以对学校产生认同感和归属感,相应地也难以有良好的学校适应状态(许传新,2010)。

留守儿童自身特点对社会适应的影响成为研究关注热点。不少研究结果表明,留守儿童的社会适应存在显著的性别和年龄差异(赵景欣 等,2015)。在留守儿童的学校适应状况上女生明显好于男生,女生的积极学习行为显著多于男生,而问题行为显著少于男生。自尊、心理韧性、心理弹性与留守儿童的社会适应呈正相关,对其适应性具有显著正向预测力,而孤独感与社会适应呈负相关(刘慧,2012)。个体变量中,留守儿童抗逆力、心理弹性、逆境信念等积极心理品质的作用已经越来越多地受到研究者的青睐(邝宏达,2019)。

三、农村留守儿童社会性发展问题的预防和干预研究

对农村留守儿童社会性发展的各种问题进行预防和干预,并评价预防和干预效果,有助于更好地促进农村留守儿童的健康成长。

以心理咨询、心理辅导为预防和干预方式。运用专题辅导、个别咨询和家庭间接辅导等教育干预模式,提高留守儿童的社会性发展。研究发现,团体箱庭疗法对留守初中生的适应不良问题具有积极的干预效果(章鸣明 等,2013),团体咨询作为一种经济高效的心理辅导方式,可以在留守儿童获得归属感、取得社会支持、提高求助技能、增强人际适应能力等方面起到重要作用(常小青,2008)。

以身体素质锻炼为预防和干预手段。针对性的体育锻炼项目,能够实现适应性障碍的有效转归,从而促进身心健康发展。研究发现,运动干预有助于提升留守儿童的心理资本(赵丽萍 等,2019),体育干预能使留守儿童的消极心理问题逐渐得到改善,并能够形成良好的心理品质,体育参与是促进留守儿童身心健康的有效途径(陈曙 等,2016)。盖江(2011)则进一步指出,体育干预可以有效地影响留守儿童的心理发展危机,田赛类项目、径赛类项目、球类项目、拓展类项目均使留守儿童的发展危机得到了显著改善。

以家庭环境改善为预防和干预途径。家庭功能与青少年的社会适应有着非常密切的关系,父母需改善家庭教养观念,提升留守儿童的社会适应能力,家庭教育的干预能有效提高留守儿童心理与行为适应(Hu et al.,2014)。李孟洁等(2016)在连续8个月对农村学龄前留守儿童实施干预后,发现农村社区家庭工作坊对改善学龄前留守儿童的品行问题和注意缺陷多动障碍、亲社会行为等有一定的效果。

从上述有关预防和干预的研究成果来看，家庭和学校是预防和干预留守儿童心理问题、维护和促进其健康成长的重要力量。

第三节　农村留守儿童社会性发展的研究展望

现有实证研究探讨了影响农村留守儿童社会性发展的多方面风险性和保护性因素，但存在缺乏相关理论指导、概念界定和研究指标不一致的情况，导致部分研究之间出现分歧，甚至得出相互矛盾的结果。未来研究可以从以下几个方面加以考虑。

一、更辩证地看待农村留守儿童的社会性发展

从现有对农村留守儿童社会性发展的研究来看，研究更趋向于辩证思考。如前所述，早期对农村留守儿童的研究多关注发展的消极表现和不利因素，以"问题化"视角看待和描述留守儿童群体，似乎"留守"就意味着"问题"，甚至将这些问题概括为"留守儿童综合征"，对积极发展的探讨相对较少。2008 年以后兴起的反思范式研究，依据"留守儿童只是弱势儿童，并不是问题儿童"的认识，提出反标签化和反污名化的观点（任运昌，2008；凌宇 等，2016）。研究者开始分析处于诸多风险因素中的留守儿童表现出来的积极心理品质或发展优势（李丹 等，2019；邝宏达，2019），以期获得更加全面、辩证的认识。

从开始的留守儿童问题研究，到现在越来越多的积极品质探讨，学者开始更多注意弥补问题取向研究的不足，重视呈现留守儿童自身积极向上的生命力和发展潜能。目前这方面的研究主要涉及心理弹性（或心理韧性、心理复原力、抗逆力等）、心理资本、希望、感恩、乐观、逆境信念等积极品质。其中，心理弹性是研究者最为关注的领域，相关研究成果也相对丰富、系统和全面。但也有一些学者提出，尽管部分研究将某些农村留守儿童的独立性强作为具有积极意义的一面提出来，但是那很可能属于假性独立。假性独立是一种防御机制，假性独立的儿童尽管表面上看起来分离焦虑的程度极低，独立性很强，但是在成年后个体大多会表现出冷漠无情，这种独立是以牺牲儿童心理健康为代价的独立。因此，如何辩证、全面地认识留守儿童的心理发展，仍需开展更多不同视角的研究，以获得整合性结果。

二、扩大研究对象的年龄范围

从现有研究文献来看，研究对象还可以进一步扩大到农村学前留守儿童及有留守经历的成年个体。现有文献研究对象的年龄主要集中在 8～15 岁，对 6 岁以前留守儿童发展的研究不够充分。依据留守对儿童发展具有不利影响的

理论基础之一，依恋理论认为 0～3 岁是儿童形成依恋的关键期，这个阶段的依恋体验对儿童后期发展影响巨大。同时，农村托幼机构数量有限，幼教队伍素质相对较低，农村儿童接受学前教育的机会明显少于城市儿童，兼之留守儿童的照料者通常教育观念比较落后，文化素养低，容易忽视儿童的早期智力开发。这些都是农村学前留守儿童面临的不利环境因素，可能会对他们的发展产生负面累加效应，因此需要加强对这个年龄阶段个体社会性发展的研究。

此外，增加对早期有留守经历的个体成年期发展状况的研究，分析和推断早期留守经历对成年后个体心理发展的各种影响，也有助于更加科学、辩证地判定留守对儿童发展的长期效应。

三、融合多学科的研究方法

首先，注重综合研究，促进对留守儿童社会性发展的生态学研究和研究成果的系统整合。目前开展的留守儿童社会性发展研究尽管已涉及多学科、多视角，在教育学、心理学、社会学、法学等领域内取得了一定的成果，但是大多从单一学科视角出发，获得的农村留守儿童信息多呈现碎片化特征。

其次，亟待量化和质性研究、横断和纵向研究的有机结合。尽管现有研究方法多元，但是以横向设计的量化研究占据主导地位，在数据分析上过于简单，缺乏纵向数据信息验证。由于诸多因素的交织影响和交互作用，儿童发展现象十分复杂，需要研究者对留守儿童的动态变化开展长期持续调查和质性实证研究，以改善研究结果表象化、浅层化和主观化的问题，更好地反映出留守儿童研究的人文特征，客观揭示留守儿童内在的发展规律和作用机制。

最后，借助互联网和大数据技术，建立"中国农村留守儿童社会性发展动态监测数据库"。开发中国农村留守儿童社会性发展动态监测指标体系，借助视频录像、文本、网络、智能手机、穿戴设备等自媒体技术和非接触式数据采集方法，有效地获取海量数据，扩大样本范围，减小被试取样偏差，弥补纵向数据获取能力的不足，动态监测儿童发展。

四、加强农村留守儿童社会性发展的分类研究

目前文献多以留守儿童整体进行研究并呈现结果，研究结果存在一定的分歧。事实上，农村留守儿童群体规模庞大，内部异质性程度高，其差异主要来自三个方面：一是作为母体的务工人员群体的复杂性，由于家庭类型、外出时间、养育方式、距离、时长、职业、城市融入程度、返乡与否等差异，可以分为多类亚群体；二是留守儿童群体自身的复杂性，按年龄、性别、照料者、家境、区域、经历、个性特征、问题表现等差异，也可分为多类亚群体；三是留守状况的动态性，由于父母流动、进城、返乡与城市教育的拒斥等，儿童身份

时常在"留守""随迁"与"非留守"之间频繁转换。

　　进一步细分留守儿童的不同类群，考察并比较不同类别留守儿童的发展状况，特别着重加强对无人监护、父母一方外出另一方无监护能力、失学辍学、无户籍农村留守儿童等重点对象的研究，既可以优先、精准解决安全风险最大的农村留守儿童的发展问题，又可以提高相关研究结果的准确性、一致性和研究对策的针对性和有效性。

第二章 农村留守儿童社会性 发展的现状调查

随着乡村振兴战略的推进和城镇化步伐的加快，我们更需要提前做好农村劳动力和人才的储备工作。农村留守儿童社会性发展的现状调查，有助于教育工作者更加全面、深入认识农村儿童社会性发展的特点、条件、机制等规律性问题，有针对性地开展促进农村留守儿童健康成长的教育活动。

第一节 农村儿童社会性发展的问卷编制

一、问题提出

个体的社会性发展既是现代教育的重要目标，也是儿童全面发展不可或缺的组成部分。在从自然人到社会人的发展过程中，个体必然会打上特定社会生活的烙印，表现出更多的社会属性。从 20 世纪 30 年代弗洛伊德研究人类情绪和行为动机问题开始，心理学工作者对个体的社会性发展进行了大量有益的探索(Chen，2018；Sanson，et al.，2004；Serpell et al.，2012；张光珍 等，2019)。这些探索既包括社会性及社会性发展概念的界定，又包括如何测量个体的社会性发展水平。

陈会昌(1994)认为社会性是指人在原有的生物特性基础上，通过交往逐渐形成的独特的心理特性。还有学者将社会性定义为个体在与社会文化环境的相互作用中，逐步获得社会规范，掌握社会技能，扮演社会角色，以及约束自身社会行为的心理特征(甘剑梅 等，2013)。社会性发展则是指儿童在与他人相处中表现出来的行为模式、情感、态度和观念等随年龄而发生的变化(张文新，1999)。虽然这些界定存在一定的差异性，但其共同点是强调社会性发展是个体在与他人相互作用的过程中发生的心理和行为变化，情绪发展、社会道德、自我认知、性别角色、社会行为、人际交往和社会技能等都是社会性发展研究的具体领域（Shaffer，2005；陈会昌，1994；俞国良 等，2013）。1991 年启动的《中国 3～9 岁儿童社会性发展》全国范围的课题研究，较为全面地探讨了儿童社会技能、自我意识、社会情绪、社会行为、同伴交往等方面的发展，有力地推动了后续研究工作的开展。

有关个体社会性发展水平的测量，问卷法是最常用的研究方法。依据问卷评定内容和范围的不同，大致可分两种。一种是考察个体社会性发展的整体状况。譬如，陈会昌（1994）编制的儿童社会性发展量表涉及社会认知、社会情绪、社会技能、道德品质、意志品质等七个维度，古德曼（Goodman，1997）编制的儿童长处和困难问卷（strength and difficulties questionnaire，SDQ）中，则包含情绪、品行问题、注意缺陷、同伴交往和亲社会性五个方面的社会性发展。近期还有学者从认知、情感和行为三个方面编制了大学生社会性发展水平评定量表（连榕 等，2014），以及从社会技能、自我概念、意志品质、道德品质、社会认知、社会适应、社会情绪等维度编制了小学生社会性发展问卷（罗钰乔，2017）。但由于社会性发展概念内涵丰富，外延广泛，编制统一的评定工具存在一定困难。另一种是考察社会性发展某一特定领域或指标，如自我概念、攻击行为、焦虑、社会技能等。相比之下，后者更为常见，相关成果也更加丰富，但研究结果过于复杂，不易统整。

从总体上看，现有的社会性发展研究呈现主题分散、整合困难且研究对象年龄相对集中的问题。由于现有的社会性发展测量工具在取样时没有考虑农村儿童，且较多集中于年龄更小的婴幼儿或年龄更大的群体，研究者难以获得连续、一致、完整的农村儿童社会性发展概貌，特别是对生理、心理变化极为显著的青春期阶段个体社会性发展状况所知甚少。因此，编制一份有效、可靠的农村儿童社会性发展调查问卷，有助于更好地探讨家庭教育缺失背景下农村儿童的健康成长问题。

二、问卷编制

（一）方法

1. 被试

预测试研究采用分层整群抽样的方式在江苏 2 个市县的 3 所农村中小学共发放 962 份问卷，获得有效问卷 810 份，问卷有效回收率为 84.20%。

正式施测阶段采用与预测试阶段相同的被试取样方法，抽取江苏 3 个市县 5 所农村中小学校 1 979 名学生，收回有效问卷 1 871 份，回收率为 94.54%，不同性别、年级和留守状况的被试具体人数及占比详见表 2-1。

表 2-1　不同性别、年级和留守状况的被试具体人数及占比

年级	预测试			正式测试		
	男生/女生	留守/非留守	合计	男生/女生	留守/非留守	合计
五年级	86(52.12%)/ 79(47.88%)	94(56.97%)/ 71(43.03%)	165 (20.37%)	237(50.32%)/ 234(49.68%)	356(75.59%)/ 115(24.41%)	471 (25.17%)
六年级	71(47.65%)/ 78(52.35%)	97(65.10%)/ 52(34.90%)	149 (18.40%)	209(51.48%)/ 197(48.52%)	287(70.69%)/ 119(29.31%)	406 (21.70%)
七年级	93(54.07%)/ 79(45.93%)	109(63.37%)/ 63(36.63%)	172 (21.23%)	107(52.71%)/ 96(47.29%)	133(65.52%)/ 70(34.48%)	203 (10.85%)
八年级	100(54.95%)/ 82(45.05%)	114(62.64%)/ 68(37.36%)	182 (22.47%)	211(49.65%)/ 214(50.35%)	265(62.35%)/ 160(37.65%)	425 (22.72%)
九年级	80(56.34%)/ 62(43.66%)	89(62.68%)/ 53(37.32%)	142 (17.53%)	180(49.18%)/ 186(50.82%)	245(66.94%)/ 121(33.06%)	366 (19.56%)

2. 测量工具

本研究在综合考察社会性发展的诸多定义后，结合我国学者关于社会性发展内容结构的辩证思考，初步假设中小学生的社会性发展主要包括儿童在社会交往、社会互动过程中发生的观念和认知、能力和行为、态度和情绪情感等方面的变化。考虑到农村儿童的父母大多忙于农活或外出打工，农村儿童一方面缺少亲子交流、父母榜样，另一方面也需要学会管理自己的生活、学习和交往。因此，问卷增加了社会规范、社会行为和人际交往等方面题目的考察，如"我在生活中自己能做的事从不依赖别人""我能根据对方的反应调整谈话内容"等。通过文献法、访谈法、开放式问卷调查等方法搜集儿童社会性发展的初始题项，并邀请 3 名心理学工作者和 10 名农村中小学教师根据社会性发展概念的界定，对初始题项进行提炼、归类，最终形成由 93 个项目组成的初始问卷，包括社会认知、社会道德、价值观、社会情绪、社会态度、社会交往、社会行为等方面的内容。整个问卷采用 5 点计分：从 1 到 5 分别代表"非常不同意""不同意""不确定""同意""非常同意"。

3. 实施过程

测试时以班级为单位进行团体施测，由多名经过培训的心理学专业研究生作为主试共同完成。测试开始前向被试说明调研目的并宣读指导语，施测完毕后现场回收问卷。

4. 统计处理

采用 SPSS 19.0 和 AMOS 21.0 统计软件对有效问卷的数据进行统计分析。

(二)问卷的预测与分析

1. 项目分析

对原始问卷题项进行项目分析。首先，采用临界比率法，即按所有初拟的社会性发展题项总分的高低挑选出高分组（高分位 27%）和低分组（低分位 27%）两个组别的被试，并对这两组被试每一题的得分均数进行差异检验。结果发现，除 5 个项目外，其余所有项目的决断值（CR 值）均达到显著水平（$p < 0.05$），删除决断值不显著的上述 5 个项目。

其次，采用相关法进一步考察项目得分与问卷总分的相关显著性，检验项目区分度。问卷中共有 27 个项目与问卷总分的相关系数小于 0.40 或与问卷总分相关不显著，均被删除，删除后的问卷共有 61 个项目。

2. 探索性因素分析

删除部分项目后的问卷克龙巴赫 α 系数为 0.95。对问卷进行探索性因素分析，KMO 值为 0.94，说明问卷非常适合做因素分析。使用主成分分析法和正交极大方差旋转法进行因素分析，结合特征值大于 1 和碎石图来抽取公共因子，再删除因素负荷值小于 0.40 的项目（有效项目因子标准载荷见表 2-2），发现特征值大于 1 的因素有 5 个，共解释总变异的 52.14%。

经过探索性因素分析后得到有效项目 31 个，每个项目均为正向计分，得分越高表明社会性发展越好。根据问卷编制之前形成的理论构想，参照各因素包括的具体项目及内容，分别将 5 个维度命名：社会道德（5 题），指儿童在社会交往、公共生活和家庭生活中认同并遵守的行为准则，主要涉及社会公德和家庭美德；社会态度（8 题），指儿童对社会现象和社会事件一贯的、稳定的心理准备状态或行为倾向；社会情感（6 题），指儿童在社会交往中表现出来的情绪能力和情绪特点；社会行为（7 题），指儿童具备的基本生活、学习技能及良好的行为习惯；社会交往（5 题），指儿童在社会交往中表现出来的交往能力和实际的交往状况。原始问卷中设想的社会认知和价值观题目部分转入上述所列维度，还有部分删除，题项 56"我能冷静应对挫折"因存在跨维度载荷（社会情感 0.42、社会行为 0.40），已删。

表 2-2 农村儿童社会性发展问卷有效项目因子标准载荷

社会道德		社会态度		社会情感		社会行为		社会交往	
a6	0.74	a26	0.60	a60	0.51	a71	0.67	a87	0.60
a7	0.71	a28	0.54	a66	0.56	a77	0.76	a89	0.59
a8	0.80	a29	0.69	a67	0.63	a78	0.69	a90	0.66
a9	0.76	a30	0.61	a68	0.74	a79	0.57	a92	0.65

续表

社会道德		社会态度		社会情感		社会行为		社会交往	
a10	0.60	a31	0.68	a69	0.72	a80	0.55	a93	0.75
		a32	0.62	a70	0.54	a81	0.68		
		a33	0.57			a82	0.55		
		a34	0.63						

三、问卷的信效度检验

(一)正式问卷的信度分析

通过内部一致性信度和重测信度两个指标来检验正式问卷的信度，结果见表 2-3。问卷 5 个维度的克龙巴赫 α 系数在 0.78～0.84，总问卷克龙巴赫 α 系数为 0.92。1 个月后从正式测试群体的小学和初中各抽取一个班进行重测，其中六年级 46 人(男 25、女 21)、八年级 56 人(男 26、女 30)，共 102 人，5 个维度的重测相关系数在 0.72～0.81，总问卷重测相关系数为 0.78。这些数据表明该问卷具有较高的内部一致性和良好的时间稳定性。

表 2-3　农村儿童社会性发展问卷信度指标

	社会道德	社会态度	社会情感	社会行为	社会交往	社会性发展总分
克龙巴赫 α 系数	0.78	0.78	0.78	0.84	0.79	0.92
重测相关系数	0.81	0.73	0.72	0.79	0.75	0.78

(二)正式问卷的效度分析

首先，采用验证性因素分析(CFA)检验问卷结构的拟合程度。拟合指标如下：$\chi^2/df = 4.79 < 5$，CFI $= 0.94$，IFI $= 0.94$，GFI $= 0.95$，RMSEA $= 0.038 < 0.05$。上述数据说明该问卷的结构效度良好。

其次，对问卷的各个项目与其所属因素及其他因素之间进行相关分析，以检验各个因素是否具有区分价值。结果发现，正式问卷各题项与其所属因素间的相关系数均高于与其他因素间的相关系数。进一步对问卷各维度及总分之间进行相关检验，各维度与总分的相关系数在 0.66～0.83，且具有显著性，表明各维度与问卷的整体概念方向一致。问卷各维度之间的相关系数为显著的中低程度相关，且各维度之间的相关性小于各维度与总分之间的相关性，同样说明该问卷具有良好的结构效度。具体见表 2-4。

表 2-4　农村儿童社会性发展问卷各维度的相关($n = 1\,871$)

	社会道德	社会态度	社会情感	社会行为	社会交往	社会性发展总分
社会道德	1					
社会态度	0.56**	1				
社会情感	0.39**	0.48**	1			
社会行为	0.42**	0.43**	0.63**	1		
社会交往	0.33**	0.44**	0.59**	0.61**	1	
社会性发展总分	0.66**	0.72**	0.81**	0.83**	0.81**	1

注：* $p < 0.05$，** $p < 0.01$，*** $p < 0.001$。

在内容效度分析方面，我们邀请 3 名心理学工作者和 10 名农村中小学教师根据社会性发展的概念界定对所有初始题项进行合格情况的判定，其中经探索性因素分析后获得的 31 题，专家评定的合格比在 92.31%～100%，共有 4 题被 13 个专家中的 12 个专家判定为合格（占比 92.31%），其余 27 题被所有专家判定为合格（占比 100%）。

由于社会性是儿童通过参与社会生活，在与他人的交往中逐渐形成的心理特性，因此儿童与他人的人际关系，特别是与同伴形成的关系状况与其社会性发展有着较为密切的关系。本研究采用帕克和亚瑟编制、邹泓修订的友谊质量问卷（邹泓 等，1998），作为检验社会性发展问卷的效标，结果见表 2-5。

表 2-5　农村儿童社会性发展问卷各维度与友谊质量的相关

	社会道德	社会态度	社会情感	社会行为	社会交往	社会性发展总分
友谊质量总分	0.26**	0.29**	0.31**	0.27**	0.32**	0.37**

注：* $p < 0.05$，** $p < 0.01$，*** $p < 0.001$。

由表 2-5 可见，农村儿童社会性发展总分及各维度与友谊质量总分之间均呈显著相关，表明该问卷具有较好的效标关联效度。

通过项目分析、信度检验删除了部分题项后，所得的数据分析结果表明该问卷信度良好，可以用于测查农村儿童的社会性发展水平。

四、讨论

目前在社会性发展研究领域，全面、系统测量社会性发展的研究工具相对较为缺乏，且主要集中于低龄儿童或成年个体。进入青春期，个体在自我意识、价值观、社会认知、人际关系等方面都表现出一些不同于儿童时期的特点（林崇德，2009），该年龄阶段整合性研究结果的缺乏，导致社会性发展的连续性和转折点难以得到确切反映。同时，研究者更需要加大农村儿童成长环境中的各种风险因素的调查力度，因此，编制农村儿童社会性发展问卷对于推进相关领域的研究十分重要。

首先，农村儿童社会性发展问卷的编制严格遵循心理学问卷编制程序。研究者不仅结合多种方法搜集题项，邀请专家和相关人员根据经验筛选题项，而且还对问卷进行了内部一致性、重测信度分析等较为严谨的信度检验，并采用临界比率法、相关法、探索性和验证性因素分析进行项目分析和效度检验。其次，该问卷包括社会道德、社会态度、社会情感、社会行为和社会交往 5 个维度，除原始问卷中设想的社会认知和价值观题目部分转入上述 5 个维度及部分删除外，其余基本符合研究者在问卷编制之前的理论构想。最后，根据青春期前后心理发展特点的不同，研究者设计了一些与此年龄段社会性发展任务相适应的题目，如"我认为每个人都应关心集体""我能合理安排自己的学习时间""我能根据对方的反应及时调整谈话内容"等。因此，该问卷的实用性和科学性较好，有助于研究者全面了解农村小学高年级及以上年级学生社会性发展的现实水平，并深入分析农村儿童社会性发展的影响机制，为制定更有针对性、更高效的教育对策提供依据。

五、结论

（1）农村儿童社会性发展包括社会道德、社会态度、社会情感、社会行为和社会交往 5 个维度；（2）农村儿童社会性发展问卷具有良好的信度和效度，可以作为农村小学高年级及以上年级学生社会性发展的有效测评工具。

第二节 农村留守儿童社会性发展现状的实证研究

一、问题提出

在教育资源相对匮乏、积极养育行为偏少、儿童忽视问题较为常见的农村地区（潘建平，2015；严钟连 等，2016；张偲琪 等，2020），儿童往往会表现出一些特殊的身心发展特点。特别在城镇化进程加快的背景下，农村儿童特别是农村留守儿童的发展成为我国社会各界长期关注的热点问题。不少研究发现，由于家庭教育相对薄弱、父母监管和榜样作用相对缺失，农村留守儿童生活技能、社会交往、社会规范等方面的发展低于农村非留守儿童（董海宁，2010；陆芳，2019），农村留守儿童攻击行为和问题行为的发生风险相对更高（郝文 等，2020；吴春侠 等，2018），这些结果都证实了农村环境和留守状况会对儿童的社会性发展产生不利影响。

农村留守儿童生活在家庭功能不健全、父母亲情相对缺失的环境中，同时他们还经历着生理、心理变化极为显著的青春期，面临与一般农村儿童相似的日常烦恼和成长困惑。上述这些情况都需要我们更全面地了解农村留守儿童的社会性发展状况，以便通过更有针对性的教育和干预促进其健康成长。

二、研究方法

(一)被试的选择

基于分层整群抽样，以江苏省部分农村地区中小学生为被试，先后进行预测试和正式测试，连同预测试的 810 份有效数据，一共 2 681 名被试。从留守状况来看，非留守儿童 892 人(33.27%)，父母一方或双方在外打工的留守儿童 1 789 人(66.73%)。

(二)研究工具

自编的农村儿童社会性发展问卷。

(三)研究程序及数据处理

由经过培训的心理学专业研究生担任主试，采用相同的指导语，进行集体施测。被试作答完毕后，主试当场收回问卷。所有数据采用 SPSS 19.0 和 A-MOS 21.0 进行分析。

三、结果与分析

通过对农村儿童在社会道德、社会态度、社会情感、社会行为和社会交往5 个方面社会性发展的描述统计，我们发现中小学生在这 5 个方面的均分在3.89~4.58(见表 2-6)，均高于每一个方面得分的中位数 3，说明农村儿童的社会性发展处于中等偏上的水平。

(一)非留守与留守儿童社会性发展的差异分析

表 2-6　非留守与留守儿童社会性发展的差异分析

		社会道德	社会态度	社会情感	社会行为	社会交往	社会性发展总分
总体水平 ($M\pm SD$)		4.58 ± 0.58	4.44 ± 0.57	4.13 ± 0.71	3.98 ± 0.79	3.89 ± 0.85	4.20 ± 0.54
留守状况	非留守 ($n=892$)	4.59 ± 0.56	4.48 ± 0.54	4.16 ± 0.70	4.01 ± 0.79	3.94 ± 0.86	4.23 ± 0.53
	留守($n=$1 789)	4.57 ± 0.58	4.42 ± 0.58	4.11 ± 0.72	3.96 ± 0.80	3.87 ± 0.85	4.18 ± 0.55
	t	0.98	2.59**	1.62	1.38	2.16*	2.24*

注：$^{*}p<0.05$，$^{**}p<0.01$，$^{***}p<0.001$。

由 2-6 表可见，农村留守儿童的社会性发展水平显著低于农村非留守儿童，其差异主要表现在社会态度和社会交往方面。

（二）农村留守儿童社会性发展的主要人口学变量差异分析

依据性别、年级和不同留守状况对农村留守儿童的社会性发展进行差异检验，结果见表 2-7。

表 2-7　农村留守儿童社会性发展的现状分析

		社会道德	社会态度	社会情感	社会行为	社会交往	社会性发展总分
	总体水平（$M \pm SD$）	4.58 ± 0.58	4.44 ± 0.57	4.13 ± 0.71	3.98 ± 0.79	3.89 ± 0.85	4.20 ± 0.54
性别	男（$n=922$）	4.50 ± 0.65	4.39 ± 0.61	4.11 ± 0.73	3.97 ± 0.82	3.86 ± 0.87	4.16 ± 0.58
	女（$n=867$）	4.64 ± 0.50	4.46 ± 0.55	4.14 ± 0.70	3.95 ± 0.78	3.87 ± 0.82	4.20 ± 0.51
	t	-5.00^{***}	-2.34^{*}	-1.17	0.44	-0.25	-1.60
年级	五（$n=452$）	4.57 ± 0.57	4.33 ± 0.60	4.09 ± 0.69	4.09 ± 0.73	3.78 ± 0.84	4.17 ± 0.52
	六（$n=383$）	4.66 ± 0.58	4.50 ± 0.62	4.30 ± 0.71	4.22 ± 0.74	4.03 ± 0.85	4.34 ± 0.55
	七（$n=239$）	4.55 ± 0.62	4.35 ± 0.61	4.03 ± 0.73	3.79 ± 0.84	3.70 ± 0.85	4.06 ± 0.57
	八（$n=383$）	4.54 ± 0.54	4.48 ± 0.50	4.10 ± 0.69	3.86 ± 0.78	3.89 ± 0.87	4.16 ± 0.53
	九（$n=332$）	4.51 ± 0.63	4.46 ± 0.58	4.06 ± 0.74	3.73 ± 0.83	3.90 ± 0.80	4.12 ± 0.56
	F	3.39^{**}（六＞五，七，八，九）	7.00^{***}（五，七＜六，八，九）	11.61^{***}（六＞五，七，八，九）	25.62^{***}（五，六＞七，八，九；六＞五，七；八＞九）	7.36^{***}（八，九＞七；六＞五，七，八，九）	12.16^{***}（五，八＞七；六＞五，七，八，九）
留守状况	单亲打工（$n=1073$）	4.56 ± 0.59	4.44 ± 0.56	4.09 ± 0.71	3.96 ± 0.79	3.87 ± 0.83	4.18 ± 0.54
	双亲打工（$n=716$）	4.58 ± 0.58	4.40 ± 0.62	4.08 ± 0.74	3.97 ± 0.80	3.87 ± 0.87	4.18 ± 0.57
	t	-0.55	1.63	0.21	-0.20	-0.04	0.20

注：$^{*} p < 0.05$，$^{**} p < 0.01$，$^{***} p < 0.001$。

对农村留守儿童在不同性别、年级和留守状况上的社会性发展是否存在差异进行的检验结果表明：农村留守女童在社会道德、社会态度上均显著高于农村留守男童；不同年级社会性发展的 5 个方面均存在显著差异，其中六年级农村儿童的社会性发展水平整体高于其他几个年级，尤其是在社会道德、社会情感和社会交往方面；在单亲打工和双亲打工的农村留守儿童之间，社会性发展不存在显著差异。

(三)父母文化程度对农村留守儿童社会性发展的影响

对父母文化程度不同的农村留守儿童社会性发展进行差异检验，结果见表 2-8。

表 2-8　父母文化程度不同的农村留守儿童社会性发展差异分析

		社会道德	社会态度	社会情感	社会行为	社会交往	社会性发展总分
父亲	①初中及以下($n=$1 217)	4.56±0.58	4.44±0.56	4.06±0.72	3.93±0.80	3.85±0.83	4.17±0.54
	②高中($n=507$)	4.60±0.57	4.41±0.60	4.13±0.69	4.05±0.77	3.92±0.87	4.22±0.56
	③大学及以上($n=$65)	4.55±0.70	4.33±0.85	4.11±0.87	3.96±0.86	3.71±1.04	4.13±0.68
	F	0.84	1.29	1.50	3.96*（②>①）	2.31	1.90
母亲	①初中及以下($n=$1 328)	4.57±0.58	4.44±0.57	4.08±0.71	3.94±0.79	3.88±0.83	4.18±0.54
	②高中($n=415$)	4.59±0.61	4.41±0.62	4.09±0.72	4.04±0.80	3.84±0.86	4.19±0.57
	③大学及以上($n=$46)	4.56±0.74	4.38±0.75	4.21±0.96	4.09±0.90	3.83±1.13	4.21±0.79
	F	−0.29	0.67	0.71	3.20*（②>①）	0.36	0.15

注：* $p<0.05$，** $p<0.01$，*** $p<0.001$。

由表 2-8 可见，无论是母亲还是父亲，其文化程度都会对农村留守儿童的社会行为产生影响。高中学历的父母对留守儿童社会行为发展水平的积极影响显著高于受教育程度为初中及以下学历的父母。

(四)父母外出打工时间对农村留守儿童社会性发展的影响

对父母外出打工时间不同的农村留守儿童社会性发展进行差异检验,结果见表2-9。

表2-9　父母外出打工时间不同的农村留守儿童社会性发展差异分析

		社会道德	社会态度	社会情感	社会行为	社会交往	社会性发展总分
父亲	①幼儿园之前(n=499)	4.57±0.59	4.42±0.61	4.01±0.77	3.83±0.84	3.75±0.90	4.11±0.59
	②幼儿园(n=415)	4.58±0.54	4.41±0.55	4.08±0.69	3.95±0.78	3.83±0.83	4.17±0.53
	③小学(n=658)	4.58±0.60	4.43±0.59	4.15±0.68	4.09±0.76	3.97±0.82	4.24±0.53
	④初中(n=123)	4.49±0.66	4.43±0.55	4.05±0.74	3.85±0.81	3.87±0.84	4.14±0.56
	F	0.82	0.05	3.96** (③>①)	11.08*** (③>①,②,④;②>①)	6.65*** (③>①,②)	5.41** (③>①,②,④)
母亲	①幼儿园之前(n=271)	4.52±0.59	4.35±0.65	4.00±0.80	3.82±0.86	3.77±0.91	4.09±0.62
	②幼儿园(n=222)	4.56±0.60	4.38±0.58	4.06±0.67	3.94±0.78	3.84±0.80	4.16±0.54
	③小学(n=365)	4.58±0.62	4.41±0.67	4.12±0.68	4.04±0.75	3.88±0.85	4.21±0.54
	④初中(n=72)	4.49±0.69	4.45±0.55	4.06±0.91	3.95±0.81	4.03±0.77	4.20±0.59
	F	0.80	0.67	1.32	3.85** (③>①)	2.08	2.18

注:* $p<0.05$,** $p<0.01$,*** $p<0.001$。

结果显示,小学阶段母亲外出打工的儿童的社会行为水平相对较高,幼儿园之前父母外出打工的儿童,其社会行为水平相对较低;父亲外出打工的时间对儿童的社会情感、社会行为、社会交往会产生一定的影响。

(五)父母回家频率对农村留守儿童社会性发展的影响

依据父母回家频率对农村留守儿童社会性发展进行差异检验,结果见表 2-10。

表 2-10　父母回家频率不同的农村留守儿童社会性发展差异分析

		社会道德	社会态度	社会情感	社会行为	社会交往	社会性发展总分
父亲	①3 个月以内 ($n=519$)	4.60±0.56	4.43±0.60	4.16±0.70	4.05±0.79	3.93±0.85	4.23±0.55
	②3~6 个月 ($n=458$)	4.55±0.61	4.39±0.59	4.05±0.70	3.93±0.79	3.87±0.84	4.16±0.55
	③6~12 个月 ($n=630$)	4.57±0.56	4.46±0.53	4.06±0.72	3.93±0.79	3.83±0.85	4.17±0.53
	④12 个月以上 ($n=88$)	4.56±0.70	4.31±0.76	3.98±0.87	3.90±0.94	3.68±0.97	4.09±0.68
	F	0.44	2.26	3.01* (①>②,③,④)	2.72* (①>②,③)	2.69* (①>④)	2.65* (①>②,④)
母亲	①3 个月以内 ($n=257$)	4.54±0.61	4.37±0.67	4.13±0.72	4.04±0.80	3.91±0.88	4.20±0.58
	②3~6 个月 ($n=240$)	4.63±0.53	4.44±0.60	4.17±0.66	4.02±0.76	3.96±0.83	4.25±0.53
	③6~12 个月 ($n=340$)	4.54±0.59	4.38±0.63	4.00±0.77	3.88±0.81	3.80±0.85	4.12±0.56
	④12 个月以上 ($n=93$)	4.52±0.71	4.39±0.61	3.96±0.82	3.87±0.89	3.70±0.88	4.09±0.62
	F	1.49	0.63	3.58* (①>③;②>③,④)	2.58	2.93* (①>④;②>③,④)	2.97* (②>③,④)

注: * $p<0.05$, ** $p<0.01$, *** $p<0.001$。

　　结果显示，无论是父亲还是母亲的回家频率，都会对农村留守儿童的社会情绪和社会交往产生一定影响。其中，父亲回家频率在3个月以内的儿童社会性发展显著更好，母亲回家频率在3个月以内或3～6个月的儿童社会性发展相对较好。

四、讨论

　　通过对农村儿童在社会道德、社会态度、社会情感、社会行为和社会交往5个方面进行的描述统计，发现农村中小学生在这5个方面的均分都高于中位数，说明农村儿童的社会性发展情况相对较好。

　　农村的非留守儿童与留守儿童之间表现出明显差异，尤其在社会态度、社会交往等方面，前者的社会性发展水平显著更高，但在单亲打工和双亲打工的农村留守儿童之间未见明显不同。社会态度是指儿童在看待社会现象和社会事件时表现出来的认知、情感和行为倾向。与农村非留守儿童相比，农村留守儿童经历的亲子分离使他们较少获得父母稳定一致、积极敏感的照料，因此较难对周围世界产生信任和期待的积极态度和情感。例如，申继亮等（2009）的研究发现，留守儿童更容易感受到来自同伴、教师、邻居等对自己或自己所属群体的排斥和不公平对待，产生受歧视知觉。杨炎芳等（2017）的研究进一步证实，留守儿童对拒绝性信息存在显著的注意偏向和注意脱离困难，而非留守儿童对接纳词产生显著的注意偏向和边缘显著的注意脱离困难。这种注意偏向机制的差异，似乎同样说明了留守儿童消极社会认知、情感和态度的产生源于他们对外界环境中负面信息的过度关注和对积极信息的相对忽视。社会交往则是指儿童的交往技能和交往行为。研究发现农村留守儿童的社会交往水平显著更低，这可能与他们更低的人际交往信心，更少的同伴尊重和接纳，以及更多的同伴忽视、友谊冲突或背叛等不良社交问题有关（罗晓路 等，2015；孙晓军 等，2010）。

　　研究还对不同性别和年级的农村儿童社会性发展是否存在差异进行了检验。研究发现，农村女孩在社会道德、社会态度上均显著高于农村男孩。这种性别差异的产生既与家庭、学校的教育理念、养育方式和培养制度有关，也与社会传统观念、社会舆论风气分不开。正是由于这些因素的影响，女生在道德领域、习俗领域等社会规范学习中，更容易顺从或内化家长的要求（王苏 等，2020），得到老师、父母和同伴更多的认可、接纳（王永丽 等，2005），感受到来自朋友、家庭和他人更多的社会支持（辛自强 等，2007）。这些体验都在一定程度上强化了农村女孩对社会的积极认知和态度，促进农村女孩更多地遵守社会道德规范。正确认识这种性别差异模式，有利于教育工作者更好地开展工作，促进儿童社会性发展。

　　年级差异检验结果表明，不同年级的农村儿童社会性发展的 5 个方面均存在显著差异，其中六年级农村儿童的社会性发展水平整体高于其他年级，尤其是在社会道德、社会情感和社会交往方面。可以看出，儿童的社会性发展并没有随年龄增长呈直线上升的趋势，这可能与青春期前后个体社会性发展内容的丰富化、复杂化及其影响因素的多变性有关。此阶段个体面临的生理发育、学习活动、环境要求、关系建立和自我认同等多重发展任务以及诸多矛盾冲突，使他们在与各种内外部变化不断碰撞、相互磨合的过程中，表现出更多的消极情绪和波动行为，也使他们的社会性发展表现出时高时低、不够稳定的特点。这样的研究结果部分验证了郑淮(2010)的观点：个体的社会性发展水平虽然存在显著的年级差异，但并不随学生年龄增长而提高，高中生在社会性发展的许多方面表现都明显不如初中生。

　　无论是母亲还是父亲，其文化程度都会对农村留守儿童的社会行为产生影响，父母为高中学历的农村留守儿童社会行为显著高于父母受教育程度为初中及以下学历的农村留守儿童。在小学阶段母亲外出打工的儿童的社会行为水平相对较高，幼儿园之前父母外出打工的儿童，其社会行为相对较低。同时还可得出，父亲外出打工的时间对儿童社会行为、社会交往会产生一定的影响，同样是在小学阶段父亲外出打工的儿童社会性发展水平相对较好，学龄前父亲外出打工的儿童社会性发展水平相对较差。

　　无论是父亲还是母亲的回家频率，都会对农村留守儿童的社会情绪和社会交往产生一定影响。其中，父亲回家频率在 3 个月以内的儿童社会性发展显著更好，母亲回家频率在 3 个月以内或 3～6 个月的儿童社会性发展相对较好。

五、结论

　　(1)农村儿童在社会道德、社会态度、社会情感、社会行为和社会交往方面均表现出较高的发展水平，农村非留守儿童的社会态度、社会交往等方面的社会性发展显著高于农村留守儿童；(2)农村留守女童的社会道德、社会态度方面均显著高于农村留守男童；(3)六年级农村留守儿童的社会性发展水平显著高于其他年级的农村留守儿童；(4)父母的受教育程度、回家频率均会对农村留守儿童的社会性发展水平产生一定影响。

第三节　农村留守儿童心理安全感的实证研究

一、问题提出

　　解决乡村"空心化"问题，核心就是要着眼于农村未来的建设力量，做好农村劳动力和人才的储备工作。我们需要关注农村留守儿童的发展，为造就"有文化、懂技术、会经营、守法纪、讲文明"的新型人才奠定基础。民政部数据表明，截至2018年年底，全国约有697万名农村留守儿童。不少研究发现，由于亲子之间的长期分离、家庭功能的明显弱化，留守儿童的心理和社会需求往往得不到保障，容易出现各种心理和行为问题。尽管留守儿童在生活自理、助人行为等方面表现出一定的积极特点，但与非留守儿童相比，他们的积极情绪显著更少，更容易出现孤独感、莫名烦躁感、委屈难过、敏感自卑及焦虑等消极情绪（池瑾 等，2008），攻击、退缩和违纪等行为问题显著更高（刘霞 等，2007；胡昆 等，2010），对人际交往及社会的态度更趋于消极（赵景欣 等，2010），社会适应水平也相对较低（范兴华 等，2009），这些现象表明留守处境对儿童发展有明显的不利影响。同时，处于心理发展重要时期的农村留守儿童不仅会遇到许多个人成长问题，而且要面临价值体系社会化、社会角色形成、社会融入等社会性发展问题。

从依恋理论视角来看（Bowlby，1982），留守儿童问题的实质是：在诸多身心特征发展的关键时期，留守经历带来的与父母长时间和远距离的分离体验，导致儿童缺少父母（尤其母亲）持续而稳定的爱，进而陷入情感支持薄弱、安全基地和避难港湾匮乏、人际交往的典型榜样和有效指导缺位等诸多发展困境，降低了儿童对他人和周围世界的安全感、信任感。

（一）农村留守儿童心理安全感的现状及其发展结果研究

心理安全感作为一个重要概念，多见于人本主义和精神分析心理学的理论阐释中。马斯洛（Maslow，1943）在需要层次理论中提出，安全感是一种不会遭受伤害和威胁，所处环境是安全的心理感受。有安全感的人通常较少感到孤单、焦虑、敌意、悲观，人际交往中也较少表现出紧张或冲突。每个人都有安全需要，如果这种需要得不到满足，个体就会感到焦虑和紧张，难以产生较高层次的需要。研究者在基于马斯洛安全感—不安全感问卷修订而成的问卷中，把安全感进一步分为情绪安全感、人际安全感和自我安全感三个方面（曹中平 等，2010）。依恋理论更是强调亲密关系的建立会增强儿童的安全感，促进儿童形成对自我、他人的积极的内部工作模型，这对儿童个性和社会性的健康发展都具有十分重要的意义。

不少研究证实，留守儿童与非留守儿童的安全感发展有显著差异，非留守儿童的安全感水平明显高于留守儿童（曹中平 等，2008；黄月胜 等，2010；廖传景 等，2015；Liao et al.，2014）。这说明父母是儿童成长过程中安全感的重要影响源。由于缺少父母持续而稳定的保障、关爱和安全基地作用，留守儿童需要付出更多的精神能量去应对生活中的各种压力事件，他们的安全感会受到很大影响。廖传景等（2015）综合运用文献、访谈、问卷等研究方法，发现留守儿童安全感主要在人际自信、安危感知、应激掌控、自我接纳和生人无畏五个方面显著低于非留守儿童。

　　安全感被认为是决定心理健康的重要因素，甚至被看作心理健康的同义词，是儿童应对各种困境、压力和不良刺激的内在支持力，也是他们个性成熟、社会化顺利进行和维护心理健康的重要条件，对儿童一生的发展有着深刻而持久的影响（Maslow et al.，1945；Cummings et al.，2012；Zotova et al.，2018）。安全需要是人的基本需要，当儿童的安全、稳定、依赖、保护、免受恐吓和混乱折磨的需要得到满足时，他们会拥有更强的自我效能感和自我控制感，能积极改善自我认知，善于与他人建立相互信任的人际关系，并勇敢、自信地投入周围世界的探索。安全感是一种精神资源，可提高个体的信息处理能力和调节刺激反应的能力，帮助人们调动社会支持系统，获得更高的幸福感。安全感能推动人们更好地认知、理解、判断和调整威胁情境，从而有效促进个体的适应和身心发展（Brumbaugh et al.，2006）。由上述观点可见，与安全感匮乏的个体相比，心理安全感高的个体通常会具有勇于承担风险，迎接挑战困难的精神，而不是无端地频繁陷入自我怀疑、自我否定的焦虑状态。

　　国内近年来有关留守儿童安全感的实证研究也获得了类似的结果。研究发现，留守儿童的安全感是其应对方式、行为问题的一个重要预测变量（黄月胜等，2010；姜圣秋 等，2012）。首先，人际安全感能显著正向预测问题指向的应对，负向预测其反社会行为，也就是说，留守儿童与父母分离带来的人际安全感降低，容易使他们对他人产生戒备和敌对心理，表现出更多的说谎、偷窃、攻击等反社会行为，遇到应激事件时也越少采取问题解决、寻求社会支持等成熟的应对方式。其次，情绪安全感能显著负向预测留守儿童的情绪指向应对和神经症行为，即儿童的情绪安全感越低，就越倾向于采取逃避、发泄等指向情绪的应对方式，并更多表现出恐惧、焦虑、抑郁等情绪问题，儿童未来出现适应性问题的风险增加。心理安全感对留守儿童社会适应性的影响研究也发现，安全感对学习适应、社交适应等社会适应维度有显著的回归效应（邝宏达等，2013）。此外，还有学者把安全感作为中介或调节因素，分析了安全感在刺激变量与儿童发展结果之间的关系。一方面，留守儿童生活事件与心理健康相关联，随着安全感水平的不同而发生变化：安全感高者能更有效应对外界刺激，而安全感低者在调动内在资源时的应对保护效能也会随之降低。另一方面，与家人分离的留守处境诱发了儿童的恐惧心理，通过影响安全感的形成和发展，进而影响其心理与行为，最终作用于心理健康，安全感在留守处境与心理健康之间发挥完全中介作用（车广吉 等，2007；陈会昌 等，1997）。

　　可见，无论是理论分析还是实证研究，都支持了心理安全感对留守儿童心理和行为健康、社会适应具有的显著效应。但"留守"现象十分复杂，留守儿童最终能否适应学校及周围的社会环境，与非留守儿童相比，他们是否更容易出现心理与行为问题，关于此类问题的调查结果时而会出现一些分歧。实际上，留守儿童自身具有的心理品质、外部社会支持网络等，都会在留守与儿童发展结果之间发挥着一定的中介或调节作用，研究者只有对这些路径进行具体而细致的分析，才能够更准确地阐释其内在机制。

(二)影响农村留守儿童心理安全感的环境因素分析

对留守儿童心理安全感影响因素的分析主要集中在外部环境的探讨上。布朗芬布伦纳认为，儿童发展微观环境主要包括家庭与学校(车广吉 等，2007)。群体社会化发展理论也提出，儿童会习得家庭内和家庭外两个独立的行为系统，而且家庭外系统，即他们的共享环境或同伴群体的作用会最终超越家庭内系统，对儿童的社会化产生更加深远的影响(陈会昌 等，1997)。这些理论充分说明，儿童成长的外部环境，特别是家庭和学校环境中的各种活动和人际交往，会影响儿童心理的发展。

一些学者探讨了留守儿童安全感形成的家庭因素，发现留守儿童与父母分离时的年龄越小、分离时间越长、相处时间越短暂，儿童不安全感倾向的可能性越大(曹中平 等，2008)，与母亲(父亲)生活在一起的留守儿童安全感最高，其次是和祖辈生活的留守儿童，被寄养在亲朋家的留守儿童安全感水平最低(李翠英，2011)。此外，亲子依恋安全性对留守儿童安全感也具有一定的预测性，积极有效的亲子沟通，有利于建立融洽和谐的亲子关系，促进留守儿童安全感的发展(刘永刚，2011)。

尽管已有研究证实，友谊质量、同伴依恋都能正向预测留守儿童的心理安全感(李骊，2008；韩瀛，2013)，但与家庭环境影响的研究相比，学校中同伴因素的作用分析仍显不足。学校作为儿童社会化的另一片重要土壤，安全感是其教育活动的起点与基础。个体接受学校教育的过程，也是他们安全感得到充分发展和提升的过程。因此，建立和发展亲密的同伴关系，在同伴相处中拥有良好的社会地位和积极的情绪体验，是否会促进留守儿童的心理安全感，降低因亲子分离带来的发展风险，成为研究关注的主要问题。

二、研究方法

(一)被试的选择

以江苏省徐州市、盐城市共 3 所农村中小学五年级至九年级，共 5 个年级 783 名学生作为被试进行问卷测试，最后收回有效问卷 709 份，回收有效率为 90.55%。有效问卷中，被试年龄跨度为 11～16 岁。其中男生 347 人，女生 362 人；五年级 172 人，六年级 158 人，七年级 163 人，八年级 121 人，九年级 95 人；留守儿童 248 人(男生 141 人，女生 107 人)，非留守儿童 461 人。

(二)研究工具

留守儿童安全感量表。采用西南大学廖传景等(2015)编制的留守儿童安全感量表,测查儿童的心理安全感。该量表一共26道题目,包括五个维度,分别是人际自信、安危自知、应激掌控、自我接纳和生人无畏。量表采用 Likert 5点计分法,"1=非常符合""2=比较符合""3=不确定""4=比较不符合""5=非常不符合",得分越高表明安全感水平越高。量表总体的内部一致性系数为0.908,其内容效度、构想效度和效标效度较好,均符合测量学要求。

同伴关系量表。采用邹泓编制的同伴关系量表的修订版(邹泓,2003),考查儿童的同伴关系状况。该问卷主要评估儿童在与他人相处过程中的自我感觉,共有30道题目,包含两个分量表,即同伴接受分量表(1至20题)和同伴恐惧自卑分量表(21至30题)。采用4点计分"1=完全不符合""2=不太符合""3=比较符合""4=完全符合",其中同伴接受分量表包括部分反向计分题,分数越高表明同伴接纳的程度越高,儿童的同伴关系越好,他们在班级中也越受欢迎。同伴恐惧自卑分量表中的题目都采用正向计分,分数越高表明在同伴交往过程中,儿童恐惧感和自卑感越高,自我感觉越差。该问卷内部一致性系数为0.792。

(三)研究程序及数据处理

由经过培训的心理学专业研究生担任主试,采用相同的指导语,对被试进行集体施测。被试作答完毕后,主试当场收回问卷。所有数据采用 SPSS 19.0 进行分析。

三、结果与分析

(一)农村留守儿童心理安全感、同伴关系的发展现状

对收集到的被试样本按留守和非留守进行心理安全感和同伴关系的描述性统计分析。表2-11的结果显示:农村留守儿童在人际自信、安危自知、应激掌控、自我接纳和生人无畏及心理安全感总分方面均显著低于农村非留守儿童,他们的安全感发展状况不容乐观。

表2-11　农村留守儿童与农村非留守儿童安全感发展的差异

	留守($n=248$)	非留守($n=461$)	t
人际自信	3.53 ± 0.96	4.05 ± 0.95	4.82^{***}
安危自知	3.22 ± 0.71	3.88 ± 1.07	5.80^{***}
应激掌控	3.39 ± 0.75	3.83 ± 1.31	3.45^{**}
自我接纳	3.69 ± 1.01	4.12 ± 0.98	3.84^{***}

续表

	留守($n=248$)	非留守($n=461$)	t
生人无畏	3.06 ± 0.94	3.57 ± 1.17	4.18^{***}
心理安全感总分	3.38 ± 0.67	3.91 ± 0.88	5.85^{*}
同伴接受	2.71 ± 0.69	3.29 ± 0.52	8.15^{***}
同伴恐惧自卑	2.05 ± 0.77	1.77 ± 0.79	-3.16^{**}

注：$^{*}p<0.05$，$^{**}p<0.01$，$^{***}p<0.001$。

同伴交往方面，农村留守儿童与农村非留守儿童在同伴接受、同伴恐惧自卑维度上也同样存在十分显著的差异。农村非留守儿童的同伴接受程度明显好于农村留守儿童，他们的同伴恐惧自卑水平也明显低于农村留守儿童。

（二）农村留守儿童同伴关系与心理安全感的相关分析和回归分析

在控制了性别、年级等人口学变量之后，对农村留守儿童的心理安全感与他们的同伴关系进行相关分析，结果见表2-12。

表 2-12　农村留守儿童同伴关系和安全感的相关分析

	人际自信	安危自知	应激掌控	自我接纳	生人无畏	心理安全感总分
同伴接受	0.28^{**}	0.12	0.08	0.21^{*}	0.08	0.23^{**}
同伴恐惧自卑	-0.35^{***}	-0.24^{**}	-0.24^{**}	-0.45^{***}	-0.09	-0.39^{***}

注：$^{*}p<0.05$，$^{**}p<0.01$，$^{***}p<0.001$。

由表2-12的相关分析结果可知，同伴关系中的同伴接受维度与人际自信、自我接纳及心理安全感总分均呈显著正相关；同伴恐惧自卑与除了生人无畏之外的安全感各维度都呈显著或极其显著的负相关。这表明农村留守儿童的同伴接受程度越高、同伴恐惧自卑水平越低，他们的心理安全感就会发展得越好。

进一步考查同伴关系的不同维度对农村留守儿童心理安全感的具体影响情况。以性别、年级为控制变量，同时以同伴关系的不同维度为自变量、心理安全感总分为因变量进行回归分析，结果详见表2-13。

表 2-13　同伴关系对农村留守儿童心理安全感的回归分析

因变量	预测变量	β	t	ΔR^2	F
心理安全感总分	同伴恐惧自卑	-0.38	-4.73^{***}	0.18	28.39^{***}
	同伴接受	0.23	2.79^{**}	0.22	18.87^{**}

注：$^{*}p<0.05$，$^{**}p<0.01$，$^{***}p<0.001$。

　　回归分析发现，同伴关系中同伴接受和同伴恐惧自卑这两个维度均进入了回归方程。也就是说，同伴接受和同伴恐惧自卑维度对农村留守儿童心理安全感分别具有十分显著的正向和负向预测力。

四、讨论

(一)农村留守儿童的心理安全感状况

　　研究表明，农村留守儿童的心理安全感显著低于农村非留守儿童，成长过程中的亲子分离的确会对农村留守儿童的心理安全感产生一定的负面影响，这与廖传景等(2015)、曹中平等(2008)的研究结果较为一致。离开母体的初生婴儿首先面临的是安全感的匮乏，寻求安全感成为他们除了满足生理需要之外的最重要的本能。精神分析理论认为，安全需要是儿童早期的基本需要之一，得不到满足的儿童会产生焦虑感，因此个体在生命早期的重要发展任务之一就是建立对世界最初的信任感和安全感。这个时期父母是儿童安全感的重要影响源，父母或其他照料者如果能够给予婴儿经常、一致、可靠的积极照顾，婴儿就会在舒适与满足中产生最初的安全感，并对周围的世界产生信任和期待。与农村非留守儿童相比，农村留守儿童经历的亲子分离使他们更难获得父母稳定而敏感的照料，进而形成相对较低的安全感水平。单亲外出打工的家庭，留守母亲或留守父亲独自承担着赡养老人、教育子女和照顾整个家庭的责任，生活和经济压力更大，较少有时间和精力关心儿童的心理成长，更容易忽视儿童心理安全感的建设。对于那些双亲外出打工的留守儿童来说，隔代教养或寄养环境中的照料者通常为老人，其文化程度普遍较低，无论是责任心、教育方式还是亲密关系，都难以真正代替父母给儿童提供充分的安全感。这些都在一定程度上影响了农村留守儿童安全感的建立。社会、学校应鼓励外出打工的父母通过各种方式，与留守儿童保持密切的、稳定的联络与沟通，并创造条件多陪伴他们。

(二)农村留守儿童同伴关系与心理安全感的关系

　　同伴关系状况不但与农村留守儿童的心理安全感水平显著相关，而且具有十分突出的预测效应，验证了李骊(2008)、韩瀛(2013)学者的研究结果。研究将同伴关系的两个维度——同伴恐惧自卑、同伴接受作为自变量，安全感总分作为因变量，进行逐步多元回归分析，结果发现这两个变量都进入了回归方程。同伴恐惧自卑和同伴接受分别对安全感的发展有显著的负向和正向预测作用。这说明，在彼此接纳、友好和谐的同伴关系中，这些年龄相仿、知识背景与兴趣爱好相似、价值观念与生活方式接近的儿童，相互之间心理防御低、沟通鸿沟小、共通性大、互动性高，更容易通过亲密交流及时地释放心理压力、解决困惑难题，以及获得自我价值肯定，也能更多感受到来自对方的喜爱、关心、帮助和支持，缓解恐惧和自卑情绪，这些积极的人际交往体验往往使儿童拥有相对较高的心理安全感水平，继而把同伴群体作为进一步对外探索的安全基地，努力学习各种新的知识和技能。农村留守儿童经历的亲子分离，使他们更容易形成内向、自卑、敏感的个性，阻碍他们的人际交往，导致他们不能正确处理同伴之间的矛盾，难以建立良好的同伴关系。因此，在班级中营造互帮互助、彼此接纳的良好氛围，是提升农村留守儿童安全感的有效措施。

此外，研究还发现，农村留守儿童的同伴关系状况显著差于农村非留守儿童，他们在同伴交往中会表现出更多的恐惧自卑情绪，同伴接纳水平也更低。家庭是儿童社会化进程中最先接触，也是最多接触的外部环境，是儿童社会化的重要动因之一。父母作为儿童家庭生活中不可缺少的重要他人，在与儿童日常的频繁互动中，通过直接指导、榜样示范、积极强化等方式传授给儿童人际交往的各种技巧和方法，这对儿童以后的社会关系发展，特别是建立良好的同伴关系十分重要。反映亲子双方依恋关系的内部工作模型，更是强调生命早期形成的关系表征是儿童后期发展各种人际关系的重要基础（尤瑾 等，2008）。不少研究发现，与农村非留守儿童相比，农村留守儿童的亲子依恋处于相对较低的水平（李晓巍 等，2013；彭运石 等，2017）。在这种不良的亲子关系中，农村留守儿童感受到的爱与尊重相对较少，容易产生一些认知偏差和消极体验。同时由于缺乏父母的有效指导和良好示范，农村留守儿童与他人的交往也更容易出现自私冷漠、自卑退缩、冲动攻击、情绪不稳等情绪和行为问题，更少获得同伴的赞许、尊重、喜欢和接纳，同伴交往的消极体验会进一步加重他们的恐惧和自卑情绪，影响同伴关系的质量。伴随着青春期个体人际交往的重心由父母向同伴转移，同伴关系对儿童、青少年安全感发展和心理健康的意义越发突显，留守儿童的同伴交往需要引起家长、学校及社会的重视。

（三）基于同伴交往视角的教育对策

尽管儿童的安全感最初来自与父母的情感联结与亲密依恋，但农村劳动力大量涌入城市、儿童滞留农村的现实在短期内又难以改变。对于留守儿童来说，一方面，亲子分离往往使他们在面临发展困境时不能及时获得父母的安慰、指导和帮助，更容易出现依恋关系破坏、安全感水平降低的情况。另一方面，随着年龄增长，儿童逐渐进入青春期，同伴在他们的心理和情绪生活中占据越来越重要的地位，越来越多地成为他们的"重要他人"。亲密的同伴关系和友谊能较好地满足儿童对安全感，归属和爱，以及尊重的需要。对于情绪起伏较大的青少年来说，同伴接纳和友谊体验是心理安全感发展的重要催化剂。

在留守处境短期难以改变的现实条件下，建立良好的社会支持网络，重视发展留守儿童的同伴关系，发挥学校和教师的引领作用，以此提升留守儿童的心理安全感，维护他们的心理健康，显然具有更高的可行性和更加积极的现实意义。

第一，发挥教师的正面影响力，引导留守儿童主动参与同伴交往。学校需高度重视教师的正确观念和行为在儿童社会性发展中的积极作用。(1)学校定期向教师开展专业的心理知识培训，提升他们的心理健康教育水平。培训可以帮助教师了解儿童心理安全感缺失的原因及其危害，认识到良好、和谐的班级氛围和同伴关系对提升学生安全感、维护心理健康的重要作用，学会辨识和关注留守儿童存在的不良交往行为，并运用科学方法进行调整和教育。(2)以教师的积极接纳正面影响同伴接纳。一方面儿童具有向师性的心理特点，另一方面教师作为儿童生命中的"重要他人"常常拥有更多的权威性和不可辩驳性。儿童在同伴群体中的社会地位、同伴接纳情况很容易受到教师对待学生态度的影响：经常受到教师指责批评的儿童往往容易成为同伴群体排斥、拒绝的对象，那些为教师喜爱、接纳的儿童在同伴群体中也更容易拥有相对较高的社会地位，而得不到教师关注的儿童，在同伴群体中则常常成为被忽视的对象。因此，教师不应以学习成绩来对待留守儿童，而应让每一名留守儿童都能感受到教师的关心、尊重与呵护，为留守儿童交往树立良好的榜样。

第二，充分挖掘和利用课堂教学活动，营造相互支持的同伴交往氛围。课堂教学是学校教育工作的中心环节，充分利用此环节可以更好地帮助儿童练习和巩固适宜的交往行为。(1)形成有效的课堂管理。通过课堂秩序的建立、课堂活动的组织与反馈、儿童行为问题的处理等，让儿童在严肃紧张、轻松活泼的课堂氛围中，形成积极的交往行为和融洽的同伴关系。(2)鼓励儿童分组合作学习。尽管组织竞赛可以满足儿童自我提高的需要，提高儿童学习积极性，但是长时间的竞争学习容易使部分儿童出现敌对情绪，导致集体观念淡薄。分组合作学习能够让儿童在与同伴共同解决问题的过程中，形成同心协力、互相帮助、共同进步的学习氛围，以及融洽的同伴关系。(3)重视培养儿童倾听和表达的能力。利用每一次师生、生生互动，让儿童学会认真聆听，尊重、欣赏他人的不同观点，鼓励儿童以适宜的方式表达自己和评论他人，为儿童的积极参与、勇于接受挫折和挑战营造安全的氛围，并努力泛化到课堂之外的活动和互动之中。

第三，积极开展丰富多彩的课外活动，增加同伴交往的机会。与课堂教学相比，课外活动具有更大的自主性、灵活性、趣味性和实践性，能够较好地满足儿童相互认识和建立关系的需要。随着年龄增长，儿童的同伴交往开始越来越具有选择性，往往以共同的兴趣和追求、苦闷和烦恼作为基础，认识和选择志同道合者建立亲密关系。学校可以针对儿童的成长特点和需要，组织内容丰富、形式多样的艺体类、科技类和社会实践类活动，鼓励他们根据自己的兴趣、爱好、特长、需要和精力进行选择，在展现自我能力、培养兴趣爱好的活动中，增强同伴互动。这些活动不仅可以丰富留守儿童的课余生活，开阔视野、增长见识、提高综合素质，而且是让留守儿童与同伴在一起遵守规则、共同体验挫折、合力完成任务的过程中，交流烦恼、分享快乐、获得支持、解决困惑，获得人际交往和应对冲突能力的实践机会，有助于留守儿童建立友谊和发展良好的同伴关系。

第四，进一步加强学校心理健康教育，提升留守儿童的同伴交往技能。有条件的农村中小学还可以发挥学校心理健康教育课、团体心理辅导和个别心理咨询的作用，针对当前阶段留守儿童同伴交往和友谊建立及发展中存在的问题，通过多种渠道、多种方式开展心理健康教育活动。学校还可以为留守儿童设计同伴交往、友谊质量提升相关的专题活动，在活动中鼓励他们发现问题并找到解决办法，传授人际交往的一般技能，提供积极的情感支持、榜样示范和正面强化，使更多的留守儿童有能力拥有可信任、可依恋、可依靠的同伴，获得被接纳、被尊重、被关爱的感受和体验，帮助留守儿童克服胆小、怯懦、退缩、攻击、敌意等，以期改善留守儿童的同伴关系和友谊质量，提升留守儿童的心理安全感。

但正如学者刘铁芳(2016)所言，伴随儿童成长，对儿童安全感的保护需要保持适度的张力。在成长的必要阶段，教育工作者需要让儿童承受安全感在某种程度上的丧失，以促成个体发展中自主意识与责任感的提升。教育工作者不仅要为留守儿童创造各种机会提升他们的心理安全感，而且还要在遇到各种可能损害留守儿童安全感的情况时，注意避免过度保护，把一定程度的不安全感转变为留守儿童成长和发展的动力，帮助他们建立更高水平的心理安全感。

五、结论

(1)农村留守儿童在人际自信、安危自知、应激掌控、自我接纳和生人无畏及心理安全感总分方面均显著低于农村非留守儿童。(2)农村留守儿童与农村非留守儿童在同伴接受、同伴恐惧自卑维度上也同样存在十分显著的差异。农村非留守儿童的同伴接受程度明显好于农村留守儿童，他们的同伴恐惧自卑水平也明显低于农村留守儿童。(3)农村留守儿童同伴关系中的同伴接受维度与人际自信、自我接纳及心理安全感总分均呈显著正相关，同伴恐惧自卑与除了生人无畏之外的安全感各维度都呈显著或极其显著的负相关；同伴接受和同伴恐惧自卑维度对农村留守儿童心理安全感分别具有十分显著的正向和负向预测力。

第四节　农村留守儿童道德敏感性发展的实证研究

一、问题提出

在儿童社会性发展领域，道德发展一直受到研究者的重视，其中道德推理和道德判断的理论阐释、测量方法等研究成果相对较为成熟（Krebs et al.，2005）。但导致道德行为发生的每一个心理成分都包含着认知与情绪的复杂交互作用，道德判断和道德推理只能解释道德行为中 10%～15% 的变异，仅关注这部分的影响难以准确解释现实生活中的各种道德行为（Blasi，1980；Thoma et al.，1991）。那些能够依据逻辑原则做出正确判断和推理的人，并不一定会按照这个推理行事，因为他们缺乏道德力量、道德情感，或对道德问题情境缺乏敏锐感知。新柯尔伯格取向的研究者认为（Rest，1984；You et al.，2013），为了更好地解释道德行为产生的机制，需要整合人类道德的情感、认知和动机，这个过程涉及道德敏感性、道德判断、道德动机和道德品质四个成分。其中，道德敏感性在逻辑上是道德行为发生之前的初始心理成分，意味着个体首先必须辨识出某种情境是否涉及道德内容，以及属于何种道德范畴，意识到这种情境中蕴含的道德重要性，然后才能进行道德判断和道德推理，做出道德决策。由此，继传统的道德判断和道德推理研究之后，道德敏感性成为道德发展研究的一个新领域。

道德敏感性是指个体在现实世界中认识到道德问题的存在，对道德情境进行识别和归因解释的能力（Jordan，2007；Schmocker et al.，2019），既包括在模糊情境下识别道德问题的能力，也包括确定这些问题重要性的能力（Jordan，2007；Sparks et al.，1998）。还有研究者加入了情感因素（Mower，2018），认为道德敏感性不仅是指个体具备复杂的鉴别或诊断知识，能够识别道德情境中的违规行为及其对他人的危害性后果，而且还能够利用移情来识别和解释他人的心理状态和情感反应，涉及个体唤起移情、同情或内疚等道德情感的敏感性。

以往的道德敏感性研究多集中在心理、教育和医学领域，如青少年的道德敏感性、护士的道德敏感性等。在探讨不同职业领域的道德敏感性时，研究者还会更多地纳入与该职业有关的道德规范。例如，护士道德敏感性被定义为对患者脆弱处境的直觉理解，以及对代替患者做出决定的道德意义的认识。有关道德敏感性的研究发现，性别、年龄、智力水平、职业等人口统计学变量对道德敏感性均有一定的影响。例如，女性比男性更慎重，更关注一般的伦理问题，表现出更高的道德发展水平和道德敏感性（Thornberg et al.，2013；You et al.，2013）。当人们对蕴含道德问题的事件进行判断的时候，个体拥有的道德图式、角色卷入、人格因素及对问题的了解程度等，也都会影响他们，这些因素还会产生交互作用共同影响个体（Christen et al.，2016；Sparks，2015）。例如，道德图式理论认为，一个道德敏感性高的个体，往往会通过高度自动化的方式激活他们内部储存的复杂而精细的道德图式，进而按自己的道德图式去理解道德情境。而问题背景的不确定性越大，被试的不熟悉程度越高，个体的道德敏感性就越低（Sadler，2004）。道德敏感性有助于指导个体更好地处理复杂的社会交往问题，不仅影响着个体如何与他人接触和互动、能否注意到他人需要帮助，以及提供帮助的方式和程度，还影响着个体对自身义务和目标之间冲突性的评估和权衡等。如果没有这种对道德问题的"看见"能力，个体就不会产生着手解决道德问题的需要。缺乏道德敏感性也被称为道德盲视，研究发现，不道德行为发生的主要原因之一就是对道德问题缺乏敏感性。道德敏感性低的个体觉察不出情境中存在的道德问题，在亲社会、反社会行为上与道德敏感性高的个体存在显著差异（俞嘉丽 等，2018；Gollwitzer et al.，2005；Palazzo et al.，2012）。例如，道德敏感性高的护士往往能够更好地辨识出工作中遇到的道德问题，进而采取适宜的应对策略，而道德敏感性低的护士更容易出现违反职业道德的护理行为，对治疗结果产生消极影响（Huang et al.，2016）。安冬等（2016）的研究结果也表明，个体的道德敏感性水平越高，他们面临道德情境时努力减少自身责任的推脱倾向就会越低。

儿童期是个体身心发展和世界观、人生观、价值观形成的重要阶段，此时的道德发展对个体以后的人生道路和社会适应都会产生重要影响。如果个体在认知和情感层面未能形成对道德问题的敏锐感知，就很难出现成熟而稳定的道德行为。传递道德知识、培养道德情感、管理道德行为等道德教育活动的顺利开展，都要以良好的师生关系为媒介，亲其师才能信其道。在共享知识和经验、相互关心和帮助的过程中，同伴接纳和拒绝、团体规则、舆论导向、同伴压力等，同样会对儿童的道德发展产生一定影响（蒋奖 等，2015；赵卫国 等，2020）。作为儿童生命中的"重要他人"，教师通常拥有更多的权威性，他们对待学生的态度会在一定程度上影响学生在同伴群体中的社会地位和同伴接纳情况（蔡艳，2005）。农村儿童特别是农村留守儿童的发展问题一直是我国社会和学校教育关注的热点。在农村家庭道德教育相对薄弱、父母监管和榜样作用相对缺失的情况下，深入探究促进农村留守儿童道德健康成长的学校人际关系因素的作用，意义重大。

综上所述，师生关系可以直接影响农村儿童的道德发展，也可以通过影响同伴间亲密关系间接对农村儿童的道德发展发挥作用。为了进一步考察这三者之间的关系，本研究提出以下假设：(1)师生关系的质量能显著正向预测农村儿童的道德敏感性水平；(2)农村儿童的友谊质量在师生关系与道德敏感性的关系中发挥中介作用。

二、研究方法

(一)被试的选择

采用分层整群抽样法，随机抽取江苏省盐城、连云港两地农村中小学四年级至九年级共 1 026 名学生作为被试，进行问卷测试。剔除空白和规律作答问卷后得到有效问卷 870 份，回收有效率达 84.79%。根据赵景欣等(2013)有关农村留守儿童的界定，把农村儿童分为双亲外出打工和单亲外出打工的留守儿童及非留守儿童。取样情况如表 2-14 所示。

表 2-14　取样情况

		人数(人)	百分比(%)
性别	男生	469	53.9
	女生	401	46.1
年级	四年级	149	17.2
	五年级	142	16.3
	六年级	202	23.2
	七年级	194	22.3
	八年级	87	10.0
	九年级	96	11.0
留守情况	单亲打工	386	44.4
	双亲打工	217	24.9
	非留守	267	30.7

如表 2-14 所示，本次调查的 870 名儿童中，留守儿童有 603 人，占 69.3%，非留守儿童有 267 人，占 30.7%。

(二)研究工具

道德敏感性问卷。国外研究者通常采用以情境问题为素材的访谈、问卷、测验等方法研究道德敏感性，对无法进行自我报告的幼儿则更多通过观察法进行研究。国内关于道德敏感性的研究还处于起步阶段，问卷法是较为常见的方法。本研究以郭本禹等(2013)编制的道德敏感性问卷为工具。该问卷包括责任敏感性、规范敏感性、情绪敏感性和人际敏感性 4 个因素。其中，责任敏感性反映个体对道德责任的敏锐性，包括宽容和责任归属；规范敏感性反映个体对道德行为准则的敏锐性，包括社会公德意识和尊重他人的意识；情绪敏感性反映个体对他人和自己情绪的敏锐把握，包括情感表达和情感理解；人际敏感性反映个体对人际关系的敏锐把握，包括处理人际差异和关爱他人。问卷共有 35 个题项，采用 5 点计分，从"很不符合"记 1 分到"完全符合"记 5 分，总分得分越高表明道德敏感性水平越高。本次调查中问卷总体内部一致性系数为 0.86，验证性因素分析结果表明该问卷结构效度良好($\chi^2/df = 2.83$，RM-SEA＝0.05，模型的 CFI＝0.86、GFI＝0.90、IFI＝0.86、GFI＝0.80)。

师生关系问卷。邹泓等(2007)在修订国外学者问卷的基础上形成了师生关系问卷，本研究采用此问卷测量师生之间的关系质量。该问卷包含 23 个题目，共 4 个维度，其中正向维度有亲密性、支持性和满意度，负向维度有冲突性。问卷采用 5 点计分，由学生评定，从"很不符合"记 1 分到"完全符合"记 5 分。被试在亲密性、支持性和满意度三个维度上的得分越高，在冲突性维度上的得分越低，表明师生关系越趋向于积极或正向。本次调查中问卷总体内部一致性系数为 0.84，验证性因素分析结果表明该问卷具有良好的结构效度($\chi^2/df = 3.47$，RMSEA＝0.05，模型的 CFI＝0.90、GFI＝0.93、IFI＝0.90)。

友谊质量问卷。邹泓等(1998)依据帕克和亚瑟编制的题目修订了适合中国学生的友谊质量问卷。修订后的简略版友谊质量问卷共包括 18 个题目 6 个维度，即肯定与关心、帮助与指导、陪伴与娱乐、亲密袒露与交流、冲突解决策略、冲突与背叛。每个维度上有 3 个题目，用于测查个体与最好朋友之间的友谊质量。被试在接受测试时根据自己与最好朋友的交往状况，逐一作答。该问卷采用 5 点计分法，从完全不符合到完全符合，分数为 1 至 5 分。总分越高，说明友谊质量越好。本次调查中问卷总体内部一致性系数为 0.81，验证性因素分析结果表明该问卷具有良好的结构效度($\chi^2/df = 2.01$，RMSEA＝0.03，模型的 CFI＝0.95、GFI＝0.97、IFI＝0.95)。

(三)统计方法

使用 SPSS 25.0 对结果进行描述性统计，采用相关分析和回归分析探索师生关系、友谊质量与道德敏感性之间的关系，在此基础上使用 AMOS 23.0 进行结构方程建模。Bootstrap 方法因具有较高的统计效力，被认为是最理想的中介效应检验法(Hayes et al.，2011)，本研究在数据分析时采用此方法，构造 1 000 个样本来检验各路径系数的显著性。

(四)共同方法偏差检验

由于本研究同时采用三个问卷对同一被试进行测查,容易产生共同方法变异导致的共同方法偏差,故采用 Harman 单因素分析检验共同方法偏差(Podsakoff et al.,2003)。通过对所有数据进行因素分析,发现共有 19 个特征值大于 1 的因子,其中最大因子解释了 17.91% 的方差,低于 40% 的临界标准,说明本研究不存在明显的共同方法偏差问题。

三、结果与分析

(一)各主变量的描述统计、差异检验和相关分析

对不同留守状况的农村儿童进行各变量的差异检验,结果见表 2-15。

表 2-15　各变量的平均值及不同留守状况儿童的差异分析

	师生关系				友谊质量	道德敏感性			
	亲密性	支持性	满意度	冲突性		责任敏感性	规范敏感性	情绪敏感性	人际敏感性
总体水平(M±SD)	3.02±0.83	3.93±0.85	3.60±0.81	2.10±0.77	3.75±0.72	2.96±0.66	4.00±0.74	3.59±0.74	3.78±0.76
1	3.02±0.82	3.90±0.83	3.57±0.80	2.08±0.72	3.79±0.62	2.96±0.64	3.94±0.74	3.56±0.68	3.76±0.74
2	3.07±0.81	4.01±0.83	3.69±0.77	2.06±0.79	3.77±0.81	2.99±0.66	4.05±0.75	3.65±0.76	3.84±0.77
3	2.94±0.86	3.82±0.88	3.49±0.86	2.21±0.78	3.64±0.68	2.90±0.68	3.99±0.70	3.53±0.77	3.70±0.77
F	1.76	3.83* (2>3)	4.38* (2>3)	2.53 (2<3)	3.02* (1,2>3)	1.17	1.87	2.10	2.41* (2>3)

注:1 非留守儿童,2 单亲外出打工的留守儿童,3 双亲外出打工的留守儿童。
* $p<0.05$,** $p<0.01$,*** $p<0.001$。

上表可见,双亲外出打工的留守儿童在师生关系和友谊质量方面,均显著低于单亲外出打工的留守儿童,前者的师生关系更差,主要表现为冲突性更高、支持性和满意度更低。在道德敏感性方面,双亲外出打工的留守儿童的人际敏感性水平显著低于单亲外出打工的留守儿童。

在控制了年级、性别等人口学变量后,对农村儿童道德敏感性的 4 个维度和友谊质量、师生关系各维度进行相关分析,分析结果见表 2-16。

表 2-16　各维度之间的偏相关

	友谊质量	师生亲密性	师生支持性	师生满意度	师生冲突性	责任敏感性	规范敏感性	情绪敏感性	人际敏感性
友谊质量	1								
师生亲密性	0.28***	1							
师生支持性	0.25***	0.57***	1						
师生满意度	0.23***	0.61***	0.57***	1					
师生冲突性	−0.32***	−0.35***	−.042***	−0.42***	1				
责任敏感性	0.27***	0.16***	0.19***	0.15***	−0.41***	1			
规范敏感性	0.14**	0.15*	0.20***	0.18***	−0.16**	0.13**	1		
情绪敏感性	0.24***	0.36**	0.36***	0.37***	−0.25**	0.26**	0.48***	1	
人际敏感性	0.26***	0.36***	0.34***	0.36**	−0.26***	0.27***	0.49***	0.71***	1

注：* $p < 0.05$，** $p < 0.01$，*** $p < 0.001$。

　　由表 2-16 可见，友谊质量、师生关系的所有维度均与道德敏感性 4 个维度两两显著相关。其中，友谊质量，师生关系中亲密性、支持性和满意度与道德敏感性 4 个维度呈显著正相关。冲突性维度的情况正好相反，它与友谊质量及道德敏感性 4 个维度呈显著负相关。

（二）友谊质量的中介作用分析

　　依据相关关系的分析结果，师生关系、友谊质量和道德敏感性之间都存在显著相关。为进一步探讨师生关系通过友谊质量对道德敏感性的影响，本研究通过 AMOS 结构方程分析友谊质量在师生关系与道德敏感性之间的中介作用。以师生关系及其各维度为自变量，道德敏感性各维度为因变量，友谊质量为中介变量构建了结构方程模型。结果显示，模型的各拟合指数良好（$\chi^2/df = 4.08$，NFI＝0.96，IFI＝0.97，CFI＝0.97，RMSEA＝0.06）。友谊质量的中介作用模型图见图 2-1。

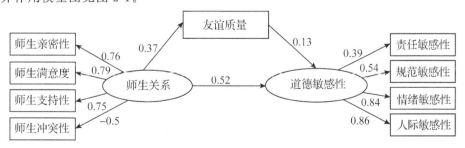

图 2-1　友谊质量的中介模型图

由图 2-1 可见，三个变量间的标准化路径系数如下：师生关系对友谊质量的路径系数是 0.37（$p<0.01$），师生关系对道德敏感性的路径系数是 0.52（$p<0.01$），友谊质量对道德敏感性的路径系数是 0.13（$p<0.01$）。

目前，有关中介效应分析较为稳健的检验方法是基于潜变量建模的 Bootstrap 方法。使用 Bootstrap 中介检验方法对各路径中介效应的显著性进行检验，样本量选择 1 000，若这些路径系数的 95％置信区间不包括 0，则表明中介效应显著，检验结果见表 2-17。各路径的 95％置信区间均没有包括 0，验证了友谊质量在师生关系和道德敏感性之间的部分中介作用，中介效应率为 8.45％。

表 2-17　友谊质量的中介作用检验

效应	路径	效应值	95％的置信区间		占总效应的比例
			lower	upper	
直接效应	师生关系→道德敏感性	0.52	0.441	0.588	91.55％
间接效应	师生关系→友谊质量→道德敏感性	0.048	0.004	0.029	8.45％

这表明友谊质量在农村儿童的师生关系和道德敏感性之间发挥了部分中介作用，师生关系不仅会直接影响农村儿童道德敏感性的发展，而且会通过影响儿童友谊质量发挥它对农村儿童道德敏感性的间接作用。

四、讨论

(一)农村儿童道德敏感性的现况分析

道德敏感性是个体对情境中道德内容的优先反应倾向，以及对道德问题的敏锐觉察与解释的能力。研究表明，农村儿童在道德敏感性的 4 个维度上，规范敏感性得分最高，责任敏感性得分最低，说明农村儿童在当前社会环境、学校教育和家庭教育的影响下，具有相对较高的社会公德意识和尊重他人的意识，但责任意识和责任担当较为缺乏。

不同留守状况儿童的师生关系、友谊质量和道德敏感性都存在显著差异。具体来说，双亲外出打工的留守儿童在师生支持性、师生满意度、友谊质量和人际敏感性等方面，均显著低于单亲外出打工的留守儿童，而双亲外出打工的留守儿童的师生冲突性显著更高。这说明双亲外出打工会对留守儿童人际关系、人际敏感性的发展产生一定的影响。尽管通过电话和视频交流，儿童也可以接收父母的各种教育和管理信息，但是远距离的教育在帮助留守儿童敏锐把握人际关系，区别处理不同人际交往，有效获取他人支持和培养关爱他人能力等方面，收效甚微。这些都阻碍了儿童人际交往能力的提升和良好人际关系的建立。不过，留守儿童与非留守儿童在道德敏感性的其他方面，差异并不显著。

(二)师生关系对农村儿童道德敏感性的影响

师生关系是农村儿童道德敏感性的重要预测指标,具体而言,师生亲密性、师生支持性和师生满意度能够正向预测农村儿童的道德敏感性,师生冲突性负向预测农村儿童的道德敏感性。这说明,支持性的、亲密和谐的师生关系可以促使农村儿童发展起更高水平的道德敏感性,而不良的师生关系可能是造成儿童道德敏感性降低并出现道德行为问题的原因之一。

已有研究证实,个人识别情境中道德因素的能力存在很大差异。例如,尽管大多数儿童把欺凌看成一种会造成伤害性后果的错误行为,但是也有一些儿童不这么认为(Perren et al.,2012;Thornberg,2010)。当个体的道德敏感水平较低时,就会难以觉察出情境中存在的道德问题,更少表现出道德行为。而道德敏感性在很大程度上是一种习得的能力或一种实践智慧,存在较大的接受教育的空间(Reynolds,2006)。儿童期是个体对各种学习都十分敏感的阶段,也是适合培养个体良好道德品行的时期。研究发现,如果采用道德词语和道德暗示的对话引导被试更多从道德角度思考问题,他们会表现出更高水平的道德敏感性(Lau,2010;Gunia et al.,2012),这说明道德教育能够提高个体的道德敏感性水平。随着时间的推移,个体在社会交往中获得的学习经验使他们能够越来越细微地识别和解释遇到的各种情境,并采取适宜行动。这种源于经验的学习,既包括家庭教育和家庭中的各种亲子互动,也包括学校环境中师生、生生间的各种相互作用和相互影响。如果教师与儿童的关系越亲密,教师提供的支持越多,儿童对教师有更高的满意度,教师与儿童之间存在更少的冲突,那么儿童就更容易将教师的道德教育内容牢记于心,进而能敏锐意识到事件中涉及并需要遵守的道德行为准则,更好地理解自己或他人的需求和情感,意识到自己的责任和担当。

本研究还证实了李晓巍等(2013)之前的研究结果,即双亲外出打工的留守儿童与教师之间的冲突性最高,获得的教师支持性和满意度最低。这个结果意味着改善这部分留守儿童的师生关系,促进其道德敏感性的发展应成为学校努力的重要目标。

(三)友谊质量在师生关系与道德敏感性关系中的部分中介作用

友谊质量在师生关系与农村儿童道德敏感性之间起部分中介作用的研究结果说明,师生关系对农村儿童道德敏感性发挥的作用部分可以通过影响儿童友谊这一桥梁来实现。友谊是一种以个体为指向的双向结构,是儿童同伴间主要的社会关系,它为双方提供亲密交流与袒露的机会,反映的是个体与个体间的情感联系。这种亲密关系不但可以使儿童更迅速地习得各种必要的知识和技能,而且可以帮助他们克服孤独,获得归属感、亲密感和情感支持,体验到安全感与信心,缓解不利环境带来的消极影响,因此是儿童心理健康和社会适应的重要条件和保护因素(Zhao et al. ,2015；彭美 等，2019)。支持性的、亲密和谐的师生关系在一定程度上可以改善儿童的同伴关系和友谊质量，借助良好的同伴间相互作用进一步推动儿童道德敏感性水平的提高。

(四)教育启示

首先，双亲外出打工虽然会对儿童人际关系、人际敏感性的发展产生一定的影响，但留守儿童与非留守儿童在道德敏感性的其他方面，差异并不显著。这说明，一方面，研究者需要注意区分单亲或双亲外出打工对留守儿童发展的不同影响。父母均不在身边的留守儿童更容易出现发展问题，更应成为教育工作者关注的对象。另一方面，留守儿童的适应性发展可能存在一定的补偿机制。相关研究不宜过分夸大亲子教育缺失带来的各种负面效应，避免标签化给留守儿童带来不利影响。

其次，要充分发挥学校道德教育的功能，就应该从改善师生关系入手，让儿童先"亲其师"后"信其道"。教师应多站在儿童的角度去考虑问题，关心儿童的所思、所感和所需，主动与他们沟通交流，为他们提供更多的情感和心理支持，理智平和地处理师生间的各种冲突，通过构建和谐亲密的师生关系，提高道德教育活动的实效性，培养儿童对道德问题的敏感性认识，激发他们的道德义务感和个人责任感，使他们获得身体、知识和道德各方面的均衡发展。

最后，作为儿童生命中有较高权威性和较大影响力的"重要他人"，教师不仅可以凭借良好的师生关系传授儿童人际交往的技巧和方法，指导他们的人际交往行为，增进他们的友谊质量，帮助他们在积极的同伴互动中提升道德敏感性水平，而且可以通过对待儿童的积极态度和行为所产生的榜样效应，正向影响这些儿童在同伴群体中的社会地位、同伴接纳情况(程利国 等，2003)。对于那些师生关系不良、友谊质量较低的双亲外出打工的留守儿童来说，教师更应表现出积极接纳的态度，既让他们感受到教师的关心、尊重与呵护，也为同伴交往树立良好的榜样和示范，以此来正面影响这些留守儿童的同伴关系和友谊质量，促进其道德敏感性的发展。

五、结论

(1)双亲外出打工的留守儿童的人际敏感性显著低于单亲外出打工的留守儿童。(2)师生关系中的亲密性、支持性、满意度及儿童的友谊质量均能正向预测农村儿童的道德敏感性，冲突性负向预测道德敏感性。(3)友谊质量在师生关系与道德敏感性的关系中发挥部分中介效应。

第三章　农村留守儿童的人格特点与社会性发展

　　人格是一个人的心理行为模式，这种行为模式是个体内在的心理特征与外部行为方式相互作用形成的具有一定组织和层次结构的模式，表现为个体适应环境时在能力、情绪、动机、态度、价值观、气质、性格和体质等方面的整合。人格虽然受生物学因素的影响具有较大的稳定性，但是在整个生命历程中，个体的人格特征随年龄的增长、经验的积累，以及家庭、学校和社会环境的影响，又会逐渐发生一定的变化。

第一节　农村留守儿童人格特点研究的文献分析

　　在儿童人格塑造的过程中，来自父母和家庭的教育影响是持久且深远的。尽管随着儿童年龄的增长，他们与父母相处的时间会越来越少，同伴关系的作用会不断增强，但是绝大多数儿童仍然会以一种强烈而积极的方式依恋着他们的家庭。家庭关系和亲子关系在儿童人格形成和身心发展等方面具有重要意义，是他们获得指导、帮助和情感支持的重要来源。

　　目前，农村留守儿童主要的抚养方式是隔代抚养、单亲监护、委托照料和自我照料。这些抚养方式代替了传统的双亲家庭教育，更容易出现溺爱或疏于管教的情形。这些变化无疑将对儿童的心理健康、行为习惯及人格的形成产生重要影响。农村留守儿童的父母常年在外，与留守儿童的交流在时间上和空间上变得不确定、非直接化，导致留守儿童无法享受正常的亲情，亲子关系相对疏远。在父母关爱陪伴、感情交流和教育引导减少的情况下，留守儿童对关怀的渴求得不到满足，抑郁、自卑、焦虑等不良情绪得不到及时排解。再加上留守儿童父母大多文化层次不高，只关心儿童的物质需求，较少重视与儿童的情感沟通，与儿童交流时不讲究方式方法，久而久之就可能导致留守儿童出现一些人格偏差及心理健康问题，如内心较为敏感和脆弱、自我控制能力弱、情绪不稳定、容易冲动、不善于或害怕与人沟通交流等。周宗奎（1997）曾提出，如果亲子关系不良或被人为剥夺，儿童缺少父母的热情与关爱，就难以获得自我的良好感受，会产生安全感和自尊心的缺失，从而出现心理上的敌意和焦虑。

研究者对农村留守儿童的人格特点展开了大量研究，获取了较为丰硕的成果。这方面的研究，目前主要涉及留守与非留守儿童人格特点的比较、留守儿童人格的影响因素及相关发展情况。

一、留守与非留守儿童人格特点的比较

(一)留守经历对人格发展的消极影响

现有研究结果大多表明，留守儿童的人格发展不容乐观，父母双亲或单亲外出对留守儿童人格发展存在一定的消极影响。例如，不少研究者采用艾森克人格问卷分析了留守和非留守儿童在内外倾、神经质和精神质三个维度上的差异。刘照云等（2009）、陈红艳等（2014）的研究均发现：留守儿童与非留守儿童在内外倾和神经质维度上的差异具有统计学意义，与非留守儿童相比，留守儿童的内外倾得分更低、神经质得分更高，说明他们较为内向、好静、离群，不喜欢刺激、冒险和冲动，喜欢有秩序的生活方式，同时也更容易表现出抑郁、焦虑、冲动任性、自制力差、紧张焦虑等。一项研究则发现（程志元 等，2021），三种不同留守类型的儿童在内外倾、神经质及精神质维度上均有显著差异：与完全留守儿童相比，半留守、非留守儿童的内外倾维度得分均显著高于完全留守儿童，半留守儿童的神经质及精神质维度得分显著低于完全留守儿童；非留守儿童的神经质维度得分显著低于完全留守儿童。早年采用卡特尔儿童人格问卷对留守儿童人格特点展开的调查也发现：留守儿童在情绪情感、孤独感、人际关系、自信心、紧张性、自控力方面显著不如非留守儿童（范方等，2005）。还有学者采用16PF问卷，运用回溯性方式探讨了童年期留守经历对后来大学阶段人格发展的作用（徐建财 等，2008），结果表明农村留守生活对儿童人格的发展总体呈现负面影响，有无留守儿童生活经历的两组大学生在六个人格因素(乐群性、敢为性、幻想性、忧虑性、独立性、紧张性)、两个次级人格因素(内外倾、适应与焦虑)和两个综合人格因素(心理健康、适应能力)上均具有显著性差异。与无留守经历的大学生相比，有留守经历的大学生在人际关系上显得更拘谨，不愿意主动与人交往，性格更趋内向，也更易于激动焦虑；不太愿意冒险，缺乏进取心；做事更缺乏信心，更守常规，更加理

智，注重现实；常以客观、坚强、独立的态度处理当前的问题；凡事都力求妥善处理，从不鲁莽行事，在紧要关键时也十分镇静；做事更具独立性，不愿依赖别人。刘小先(2011)运用人格五因素问卷进行调查，发现留守儿童在外向性、宜人性和谨慎性三个方面的得分显著低于非留守儿童，他们更倾向于独处，不易感受到积极的情绪，防御心理比较强，不愿帮助别人，冲动、没有计划性、做事拖延，遇到困难容易退缩。

张碧昌等(2015)还进一步分性别进行了留守和非留守的比较。他们的研究发现，留守男生与非留守男生相比，其神经质因子分差异有统计学意义；与非留守男生相比，留守男生更易出现焦虑、担忧，遇到刺激有较强的情绪反应。留守女生的精神质、神经质因子得分均高于非留守女生，她们更容易出现孤独、不关心他人、难以适应外部环境、遇到刺激有较强情绪反应等情况。这方面的元分析结果表明(侯文鹏，2017)，男生留守组的神经质维度评分高于男生非留守组，即留守男生较非留守男生情绪更不稳定。

一些学者采用 Y-G 性格测验开展的研究发现，留守儿童与非留守儿童在抑郁性和自卑感上的差异有统计学意义，在思考的向性、协调性和社会的向性上也存在差异。留守儿童较非留守儿童更为抑郁、自卑和内向，不信任他人，人际关系较差(曾红 等，2010)；留守儿童比非留守儿童更为内向、沉着、安静，不轻易表露内心的想法和情感，情绪更为淡漠、消沉，对事物持冷淡态度，只对极为有限的事或物表示关心，更渴望父母的关爱与亲情，更重视与父母之间的情感交流与理解(常青 等，2008)。周玉明等(2019)采用幼儿人格发展量表(PSYC)测查人格发展趋势，发现留守儿童的人格发展趋势差于非留守儿童，留守儿童人格发展总分及探索主动性、独立性因子得分均低于非留守儿童。

(二)留守经历对人格发展的部分积极作用

还有一些研究发现，留守经历也会给儿童的人格发展带来一些积极作用。例如，徐建财等(2008)认为，留守对儿童发展的影响虽然总体上是负面性的，但是也有正面作用：有留守经历的大学生在独立性及适应能力方面要高于无留守经历的大学生，他们做事更具独立性，更能自立自强，不愿依赖别人，从事专业或训练成功的可能性更高。这可能是因为，无论是隔代抚养、委托照料还是单亲监护，留守儿童的照料者文化水平较低、精力有限，往往疏于管教儿童，对儿童的培养基本上停留在管穿管吃的层面上，难以对儿童学习、交往、情感上的问题提供帮助和指导，儿童在学习上碰到障碍或出现交往问题时，大多只能独自面对、独立思考来解决问题，这样的处境反而培养和锻炼了留守儿童的独立性。常青等(2008)的留守儿童研究也得到了类似的结论。

周永红等(2014)运用卡特尔儿童人格问卷对 1 477 名留守儿童和 286 名非

留守儿童进行问卷调查,结果发现,留守儿童和非留守儿童除了在敏感性、自律性和紧张性得分存在显著差异外,在大多数人格维度上并不存在显著差异。因此,他们认为"留守"只是一个较远端的环境变量,留守状态并不足以直接导致儿童人格特征的改变。王莉等(2011)的研究同样表明,留守经历与儿童人格无显著相关关系。

基于上述研究结果的分歧,侯文鹏等(2017)对符合条件的 14 篇留守儿童人格研究文献进行了元分析,其中 12 篇采用艾森克人格问卷,样本量总数达 8 610 人的原始文献元分析结果显示:留守组的内外向评分低于非留守组,神经质评分高于非留守组,而两组在精神质评分上的差异无统计学意义。也就是说,与非留守儿童相比,留守儿童更内向,情绪更加不稳定。而另外 2 篇采用卡特儿儿童人格问卷,样本总数达 8 222 人的元分析结果显示:与非留守儿童相比,留守儿童的乐群性、聪慧性、稳定性和恃强性维度评分显著更低,兴奋性、忧虑性和紧张性维度评分显著更高。

二、留守儿童人格发展的前因变量研究

(一)留守相关变量的影响

留守儿童的监护类型、亲子联系频率、父母外出时间等,是研究者探讨的主要留守变量。例如,杨通华等(2016)的研究表明,留守儿童的人格特质存在监护类型差异,父亲监护型留守儿童和母亲监护型留守儿童的精神质人格都明显高于隔代照料型留守儿童。周永红等(2014)发现,与父母联系频率较高的留守儿童在乐群性、聪慧性、稳定性、恃强性、有恒性、敢为性和自律性上都显著高于与父母偶尔联系或不联系的留守儿童,同时后者还在忧虑性和紧张性上显著高于前者。研究者由此提出,即使父母外出务工,也需要与儿童保持良好的亲子沟通,这样才能促进儿童人格的健康全面发展。

还有研究发现(陈红艳 等,2014),父母外出时间的长短对儿童人格特征中的内外向影响显著,且不是一种线性关系:父母外出时间小于 1 年或超过 5 年,儿童的人格越趋于内向。研究者认为这可能是因为,当父母外出 1 年以上时,留守儿童经历了心理调整后能够相对较好地适应发生的变化,人格特征中的外向性开始越来越明显,但当父母外出时间在 5 年以上时,长期分离带来的不利因素开始累积,与前期心理调整获得的收益抵消,留守儿童处于无尽头的情感缺失状态,他们的孤独感和内倾性会再次明显。

(二)儿童自身因素的影响

在儿童个体因素方面,较多研究者关注了留守儿童人格特点的性别差异,周永红等(2014)研究发现留守儿童在情绪稳定性、自卑程度、心理敏感性、性格等方面,在程度上有着极其显著的性别差异:留守男生情绪更稳定,轻松自

信，冒险敢为，但有时候更好强，甚至固执；而留守女生则倾向于情绪不稳定，更容易自卑敏感、焦虑抑郁，但是在生活学习上比留守男生更细心，认真负责。

但这方面的结论并不一致。例如，杨通华等(2016)、陈红艳等(2014)的研究均发现，留守男生的精神质因子远远高于留守女生，有更高的倔强性，具有统计学上的显著意义。但赵燕等(2015)的研究发现，与留守男生相比，留守女生更倾向于出现孤独、不关心他人、难以适应外部环境的情况。同时，有的研究发现神经质维度存在性别差异(赵燕，2015)，有的研究则显示内外倾存在性别差异(杨通华 等，2016)，还有的研究发现，留守男生与留守女生在内外倾、精神质和神经质的得分均值差异均不显著(王菲 等，2012)。

(三)家庭和父母因素的影响

家庭经济状况、父母文化程度，以及父母教养方式，都是文献中较多涉及的外部环境变量。例如，周永红等(2014)的研究发现，父母文化程度对留守儿童人格特点会产生一定的影响，母亲文化程度的影响主要表现在儿童的情绪稳定性和敏感性方面，母亲文化程度越高，儿童情绪就越倾向于稳定，在处理问题时倾向于从实际出发、表现更为理智；父亲文化程度对留守儿童的轻松性和紧张性特点也会产生一定影响。

父母教养方式也是影响儿童人格发展的重要因素。黄树香等(2011)曾对儿童的家庭教养方式与人格特征做过研究，发现父母情感温暖理解得分高的，儿童神经质和精神质得分较低，即他们的情绪更稳定、更积极，更能够与他人和谐相处；父母的惩罚严厉、过分干涉、拒绝否认则容易导致儿童敏感脆弱、多愁易怒。王菲等(2012)的研究发现，留守儿童人格的内外倾、神经质和精神质与教养方式显著相关：照料者对留守儿童越是惩罚、严厉，越是过分干涉和保护，或越是偏爱、拒绝和否认，留守儿童的精神质水平就越高，表现越多的冷漠敌对；照料者情感温暖和理解的程度越高，留守儿童人格的外倾性就越明显，他们喜欢冒险、乐观随和，易兴奋和冲动；照料者的过分干涉和保护容易引起儿童情绪不稳定、焦虑甚至抑郁。

三、留守儿童人格特点的结果变量研究

留守儿童人格特点与情绪和行为问题、心理健康的关系，一直是研究者热衷探讨的主题。研究发现(赵燕 等，2015)，一个人越外向、情绪越稳定，表现出更多的合群、乐观及较少的消极情绪，其心理健康水平就越高；一个人越是表现出古怪、倔强、孤僻的性格，对他人漠不关心，缺乏情感交流，就越难以适应正常生活，心理问题越多。采用 Y-G 性格测验获得的结果表明(曾红等，2010)，主客观性、协调性、攻击性和一般活动性性格的留守儿童更多采用积极应对方式,抑郁性、情绪变化、自卑感和神经质性格的留守儿童,则更多采用消极应对方式。刘小先(2011)的研究表明,情绪性、谨慎性和外向性对心理行为问题有显著的预测作用,具有开朗、合群、乐观、做事认真努力、有计划性、情绪稳定、理性而有责任感等人格特点的留守儿童,他们的心理行为问题相对较少,心理健康水平更高。王伟伟(2016)的研究则发现,谨慎性、宜人性和开放性的人格特征能够预测留守儿童的问题行为。还有研究者分析了人格特点与社会认知、社交行为之间的关系(李丽娜 等,2020),他们的研究发现,神经质、精神质与个体歧视知觉、攻击行为均呈正相关,即留守儿童的神经质和精神质得分越高,他们感受到的歧视和表现出的攻击行为就越强。

李永鑫等(2009)的研究探讨了人格特点与留守儿童积极心理品质形成的关系。研究发现,人格特点中的稳定性、轻松性、聪慧性、有恒性、自律性、世故性和乐群性等积极人格特点对留守儿童心理弹性具有显著正向影响,有助于留守儿童心理弹性的提高,而兴奋性、忧虑性和紧张性等消极的人格特点对留守儿童心理弹性具有显著负向影响。

越来越多的研究者关注在人格特点与留守儿童心理发展之间可能存在的间接作用和内在机制,或者关注人格特点在其他关系间发挥的中介作用。例如,陶婧(2021)的研究结果表明,留守类型在留守儿童神经质与心理健康之间存在调节效应:无论是在低神经质人格维度上还是高神经质人格维度上,完全留守儿童心理健康水平得分均高于半留守儿童,但随着神经质人格维度得分增加,半留守状态比完全留守状态更能正向预测儿童心理健康水平。另有不少研究者探讨了人格特点的中介作用,他们关注留守儿童心理发展内部环境的人格特质,作为"留守"消极事件和心理发展结果之间的中介作用,或者通过人格特点这一中间变量对留守儿童心理发展起到的调节和影响作用。结果发现,人格特点在应对方式对心理适应性的影响中发挥中介作用(贾文华,2012),神经质和精神质分别在个体歧视知觉与攻击行为的关系中起部分中介作用(李丽娜 等,2020),神经质在结束留守年龄和主观幸福感的关系中起着中介作用(徐文健 等,2017),以及留守儿童的心理健康受到人格特点中神经质和精神质的影响(杨通华 等,2016)。

四、研究简评

留守儿童人格特点的研究目前已经取得了较为丰硕的成果,特别在留守与非留守儿童人格特点的比较方面,获得的结论既相对一致,也存在一定的分歧。例如,大多数研究及元分析结果都表明,与非留守儿童相比,留守儿童更内向,情绪更加不稳定。由此可见,留守经历的确会给儿童人格发展带来一定的消极影响。而在性别因素方面,有关留守男童和留守女童的人格特点差异结果，分歧较为严重，尚未获得相对统一的结论。

健康人格的塑造需要遵循一定的规律，尤其要重视人格成长的关键期及良好的外界环境。我们通过文献梳理可以发现，在影响留守儿童人格发展的因素中，亲子联系频率、父母外出时间及家庭教养方式等，都属于父母可以控制和操纵的变量。针对上述留守特征和规律对农村留守儿童的父母开展有针对性的家庭教育指导，帮助他们掌握家庭教育、亲子沟通、儿童发展关键期等方面的知识和技能方法，有助于预防农村留守儿童心理问题和心理疾病的发生。

第二节 农村留守儿童人格特点与社会性 发展关系的实证研究

一、问题提出

儿童的人格特征是在社会化过程中形成的，家庭是儿童最早和最直接的社会化场所。家庭是由家庭全体成员及成员之间的互动关系组成的一个动态系统，它对儿童个性和社会性发展的影响主要通过亲子互动来完成。家庭教育是儿童社会化过程中最重要和最具影响力的因素。父母的热情鼓励、支持和期望，对儿童多讲道理少用惩罚，鼓励儿童表达情感，给予儿童情感的支持，良好的榜样作用、科学的教养方式及有效的监督控制，对儿童人格发展有着积极而重要的作用。

不少研究发现，缺少了父母在思想认识及价值观念上的指导和帮助、情感上的关爱和支持，不仅改变了农村留守儿童社会学习的情境与过程，而且深刻地影响了他们健全人格的形成和发展，使他们出现情绪不稳定、任性冲动、自卑拘谨、冷漠寡言、乐群性低、忧虑不安等不良人格特征，有的甚至出现严重的攻击行为和反社会倾向。但这方面的结论并不一致。由此，本研究力图进一步探讨：（1）不同的留守境况是否会对儿童人格发展产生一定影响？（2）人格特点与农村留守儿童的社会性发展存在怎样的关联？

二、研究方法

（一）被试的选择
被试选择详见第二章第二节研究方法介绍中的"被试的选择"。

（二）研究工具
儿童青少年人格五因素问卷。采用邹泓（2006）修订的儿童青少年人格五因素问卷，该问卷共有 5 个维度，包括外向性（E）、宜人性（A）、谨慎性（C）、开放性（O）和情绪性（N）。问卷共有 50 个题目，采用 5 级计分，从"一点也不像你"到"非常像你"，分别记 1 分到 5 分。本研究总量表的内部一致性系数为

0.94，各分量表的信度分别为 0.86、0.86、0.80、0.89、0.82，信度较好。

自编的农村儿童社会性发展问卷。

(三)研究程序及数据处理

本研究由经过培训的心理学专业研究生担任主试，采用相同的指导语，进行集体施测。被试作答完毕后，主试当场收回问卷，所有数据采用 SPSS 19.0 进行分析。

三、结果与分析

(一)农村留守儿童的人格特点

对 1 789 名农村留守儿童的人格特点进行分析，并从儿童自身因素、父母和家庭因素及留守相关因素等不同方面探讨留守儿童的人格特点。

1. 人口学变量对农村留守儿童人格特点的影响

人口学变量主要包括性别和是否独生这两个方面，检验结果见表 3-1。

表 3-1　农村留守儿童人格特点的人口学变量差异分析

		外向性	宜人性	谨慎性	开放性	情绪性
总体水平($M \pm SD$)		3.60±0.84	3.98±0.72	3.71±0.81	3.73±0.76	3.37±0.88
性别	男($n=922$)	3.66±0.85	3.93±0.75	3.70±0.83	3.76±0.77	3.30±0.89
	女($n=867$)	3.54±0.84	4.02±0.68	3.73±0.78	3.68±0.76	3.44±0.86
	t	2.87**	−2.49*	−0.95	2.22*	−3.42**
是否独生	独生($n=559$)	3.68±0.84	3.97±0.71	3.73±0.78	3.77±0.75	3.37±0.91
	非独生($n=1\ 230$)	3.61±0.84	4.00±0.71	3.75±0.81	3.75±0.76	3.39±0.88
	t	1.26	−0.70	−0.40	0.37	−0.37

注：* $p<0.05$，** $p<0.01$，*** $p<0.001$。

表 3-1 可见，农村留守儿童的人格特点不受是否独生因素的影响，但与性别有关。与留守男童相比，留守女童的外向性、开放性水平更低，宜人性、谨慎性和情绪性水平更高。

2. 父母和家庭因素对农村留守儿童人格特点的影响

父母和家庭因素对农村留守儿童人格特点的影响结果见表 3-2。

表 3-2　农村留守儿童人格特点的父母和家庭因素差异分析

		外向性	宜人性	谨慎性	开放性	情绪性
家庭结构	完整($n=1\ 536$)	3.62±0.84	4.00±0.71	3.75±0.80	3.75±0.75	3.35±0.88
	单亲($n=253$)	3.51±0.87	3.86±0.73	3.50±0.82	3.57±0.83	3.44±0.87

		外向性	宜人性	谨慎性	开放性	情绪性
	t	1.81	2.85**	4.66***	3.38**	−1.43
父亲文化	初中及以下($n=1\ 217$)	3.59±0.85	3.96±0.71	3.67±0.81	3.69±0.78	3.39±0.87
	高中及以上($n=572$)	3.63±0.82	4.03±0.71	3.83±0.78	3.81±0.72	3.33±0.89
	t	−0.98	−2.07*	−3.79***	−2.90**	1.36
母亲文化	初中及以下($n=1\ 328$)	3.58±0.85	3.97±0.71	3.69±0.81	3.71±0.77	3.37±0.87
	高中及以上($n=461$)	3.66±0.83	4.03±0.72	3.82±0.80	3.79±0.75	3.34±0.90
	t	−1.67	−1.47	−3.07**	−1.88	0.53

注：* $p<0.05$，** $p<0.01$，*** $p<0.001$。

由表 3-2 可见，家庭结构和父亲、母亲的文化水平都会对农村留守儿童人格特点产生一定影响。从家庭结构来看，单亲家庭中留守儿童的宜人性、谨慎性和开放性水平更低。从父母文化水平来看，父亲高中及以上水平的留守儿童宜人性、谨慎性和开放性水平显著更高，母亲高中及以上水平的留守儿童谨慎性水平显著更高。另外，外向性和情绪性水平与家庭结构、父母文化水平均不相关。

3. 留守相关因素对农村留守儿童人格特点的影响

从留守状况、父母外出起始时间及父母回家频率等方面，探讨农村留守儿童人格特点的差异情况，结果见表 3-3。

表 3-3　农村留守儿童人格特点的留守相关因素差异分析

		外向性	宜人性	谨慎性	开放性	情绪性
留守状况	非留守($n=892$)	3.63±0.81	4.01±0.70	3.76±0.80	3.73±0.78	3.33±0.89
	单亲外出打工($n=1\ 073$)	3.60±0.85	3.98±0.71	3.73±0.80	3.73±0.75	3.34±0.90
	双亲外出打工($n=716$)	3.61±0.84	3.96±0.74	3.69±0.82	3.72±0.79	3.41±0.84
	t	0.36	−0.72	1.63	0.06	2.05
父亲外出起始时间	①幼儿园及之前($n=914$)	3.56±0.86	3.95±0.71	3.68±0.81	3.68±0.77	3.42±0.84
	②小学($n=658$)	3.66±0.83	4.02±0.73	3.78±0.80	3.80±0.75	3.30±0.93
	③初中($n=123$)	3.56±0.82	3.91±0.66	3.64±0.78	3.69±0.76	3.30±0.87

		外向性	宜人性	谨慎性	开放性	情绪性
	F	2.63	2.21	3.50* (①<②)	4.62** (①<②)	3.90** (①>②)
母亲 外出 起始 时间	①幼儿园及之前 (n=493)	3.53±0.83	3.94±0.71	3.65±0.81	3.64±0.78	3.44±0.78
	②小学(n=365)	3.68±0.84	3.99±0.74	3.76±0.80	3.78±0.75	3.35±0.90
	③初中(n=72)	3.59±0.83	3.86±0.74	3.54±0.88	3.65±0.81	3.41±0.93
	F	3.01* (①<②)	1.23	3.12* (③<②)	3.22* (①<②)	1.22
父亲 回家 频率	①三个月以内 (n=519)	3.66±0.86	4.02±0.74	3.80±0.81	3.79±0.78	3.33±0.94
	②三个月—半年 (n=458)	3.59±0.81	3.93±0.71	3.68±0.80	3.72±0.76	3.35±0.87
	③半年—1年 (n=630)	3.54±0.83	3.97±0.67	3.68±0.78	3.70±0.73	3.39±0.83
	④一年以上(n=88)	3.65±0.93	4.01±0.83	3.71±0.93	3.60±0.86	3.45±0.92
	F	2.18	1.34	2.71* (①>②、 ③)	2.56* (①>③、 ④)	0.78
母亲 回家 频率	①三个月以内 (n=257)	3.68±0.87	3.99±0.79	3.77±0.85	3.75±0.78	3.52±0.88
	②三个月—半年 (n=240)	3.72±0.78	3.98±0.73	3.69±0.80	3.77±0.77	3.28±0.87
	③半年—1年 (n=340)	3.50±0.85	3.95±0.71	3.66±0.83	3.65±0.80	3.43±0.81
	④一年以上(n=93)	3.50±0.82	3.91±0.68	3.55±0.82	3.63±0.76	3.42±0.81
	F	4.23** (①>③、 ②>③、④)	0.39	1.79	1.60	3.17* (①、 ③>②)

注：* $p<0.05$，** $p<0.01$，*** $p<0.001$。

由表 3-3 可见，单亲外出打工、双亲外出打工的农村留守儿童和非留守儿童之间，人格特点不存在显著差异。但父母外出打工的起始时间、回家频率，对农村留守儿童的人格特点会产生一定影响。幼儿园及之前父亲就外出打工的农村留守儿童，与小学时父亲外出打工的儿童相比，其谨慎性、开放性水平明显更低，情绪性更高。幼儿园及之前母亲就外出打工的留守儿童，与小学时母亲外出打工的儿童相比，其外向性和开放性水平显著更低。也就是说，父母在儿童上幼儿园之前就外出打工，对农村留守儿童的人格特点会产生一定影响。从父母回家频率来看，父亲在三个月以内回家一次的农村留守儿童谨慎性和开放性水平更高，母亲在三个月到半年回家一次的农村留守儿童外向性水平最高、情绪性水平最低。也就是说，父母在半年内回家一次，对农村留守儿童的人格发展会有一定程度的积极影响。

(二)留守儿童人格特点与社会性发展的相关和回归分析

控制性别、年级和独生等因素后，人格特点与社会性发展的相关结果见表3-4。

表3-4　农村留守儿童人格特点与社会性发展的偏相关

	外向性	宜人性	谨慎性	开放性	情绪性
社会性发展	0.56***	0.66***	0.67***	0.57***	−0.03

注：* $p<0.05$，** $p<0.01$，*** $p<0.001$。

由表3-4可见，除情绪性外，人格维度中的外向性、宜人性、谨慎性、开放性都与留守儿童的社会性发展呈正相关。采用输入法，进一步就留守儿童人格特点对社会性发展的影响进行回归分析，结果见表3-5。

表3-5　农村留守儿童人格特点对社会性发展的回归分析

因变量	预测变量	R	ΔR^2	β	t	F
社会性发展	外向性			0.13	5.28***	
	宜人性			0.27	8.96***	
	谨慎性	0.71	0.50	0.33	11.35***	365.24***
	开放性			0.07	2.68*	
	情绪性			−0.08	−4.72*	

注：* $p<0.05$，** $p<0.01$，*** $p<0.001$。

由表3-5可见，人格的五个维度对农村留守儿童的社会性发展均有显著的预测作用，其中，外向性、宜人性、谨慎性和开放性能够显著正向预测农村留守儿童社会性发展，情绪性则发挥负向预测功能。

四、讨论

(一)农村留守儿童的人格特点

本研究发现，虽然从整体来看，单亲外出打工、双亲外出打工的农村留守儿童和非留守儿童之间，人格特点并不存在显著差异，但细化到具体的父母外出打工起始时间和回家频率时，这些变量对农村留守儿童的人格发展还是会产生一定影响。例如，幼儿园之前父母就外出打工的儿童外向性、谨慎性、开放性水平更低，情绪性更高；父母半年内回家一次的儿童外向性、谨慎性和开放性水平更高。这说明，父母如果在儿童人格发展的重要、关键时期与他们分离，或者不能确保每半年至少回家一次，更容易导致农村留守儿童内向、不活跃、不合群，积极情绪偏少，紧张、焦虑的情绪更多，做事的谨慎性、计划性和努力程度都相对更低，解决问题的创新性、聪慧程度和想象能力也更差。社会学习理论认为，人格特点是通过观察学习习得的。在儿童人格发展的早期，父母是他们最重要的模仿榜样。通过与父母的日常互动，儿童自觉或不自觉地接受了家庭和社会认可或提倡的价值观念和行为规则，如谦让、帮助、合作、分享、安慰等对他人有益或对社会有积极影响的行为，并将这些融入自己的行为结构和人格结构之中。如果父母在儿童模仿力较强的幼年时期就外出打工，或者长时间不返回家中与儿童接触，留守在家中的儿童就会因为缺少可以模仿的榜样，以及没有父母及时的评价、奖励和强化，从而难以形成良好的行为习惯和积极的人格品质。特别当留守儿童受到欺负、冷落、委屈或者遇到难以解决的困难时，父母不在身边会使他们感受到更为强烈的孤独感、挫折感和抑郁低落情绪。同时，性别也是农村留守儿童人格差异的一个影响因素，主要表现为：与农村留守男童相比，留守女童的外向性、开放性水平更低，宜人性、谨慎性和情绪性水平更高。

家庭结构和父亲、母亲的文化水平也会对农村留守儿童的人格特点产生一定影响。单亲家庭或父母初中及以上水平的留守儿童，其宜人性、谨慎性和开放性水平更低。这可能是因为，单亲的父亲或母亲迫于经济压力和生活压力，没有更多时间和精力与儿童构建良好的亲子关系，或限于较低的受教育水平，不具备更多的科学教育理念和教育方法，难以正确、有效指导儿童掌握适宜的社交技巧。

(二)农村留守儿童人格特点与社会性发展的关系

人格的五个维度对农村留守儿童的社会性发展均有显著的预测作用，其中，外向性、宜人性、谨慎性和开放性能够显著正向预测农村留守儿童社会性发展，情绪性则发挥负向预测功能。这说明，如果具备开朗、活跃、热情等外向性特点和诚实、利他等宜人性特点的农村留守儿童，会更积极主动地与别人交往，参与集体活动，从而掌握更高水平、更加积极的社会道德、社会态度和社会情感，进而在社会行为、社会交往方面表现出良好的生活、学习技能和行为习惯，以及适宜和谐的人际交往关系。而做事谨慎认真、有一定计划性和规律性，同时又思维灵活、敢于打破常规的农村留守儿童，也更容易在社会道德、社会情感、社会态度、社会行为和社会交往等方面获得高水平的发展。但农村留守儿童的抑郁压抑、紧张焦虑等负向情绪和冲动任性、自制力差的情绪不稳定特点，则往往使他们在对人、对事、对社会等方面的态度、认知、情感和行为上出现问题。

(三)促进农村留守儿童人格健康成长的对策和建议

农村留守儿童的问题不仅是个人发展问题，更是整个社会面临的问题，需要各种家庭、学校、社会等多种教育资源的力量汇聚起来，统筹运用。

作为留守儿童的监护人，父母应尽可能不在孩子处于婴幼儿时期打工，以便悉心照料年幼的儿童的生活，给他们一个完整健康的家庭环境和心理环境。在教养留守儿童的时候要更多提供关心和理解，过度干涉的偏爱不利于孩子积极人格特点的形成。父母外出时也应注意保持与孩子的联系和沟通，通过定期给孩子打电话或者发视频等方式，主动与孩子交流和沟通，了解他们的思想、情绪和行为动态，在孩子需要帮助的时候，及时疏解孩子的烦恼、悲伤及委屈等不良情绪，在温暖理解、亲密和谐的亲子关系中给予儿童乐观积极的人格品质。父母还要注意培养农村留守男童与人相处的和谐理性。对于农村留守女童，父母则要更多培养她们参与各种活动和与人交往的积极性，提升她们的创新意识和思维的灵活性等，降低她们的情绪性水平。

解决农村留守儿童人格发展问题的现实路径还需要学校教育"补位"，即充分利用农村现有的教育资源，发挥学校主阵地的作用。培养农村留守儿童积极人格品质，首先，确定关注农村留守儿童发展的责任人及重点关注的对象。一般来说，班主任、任课老师和学校管理者，都可以成为关注农村留守儿童发展的主要责任人。在关注对象方面，通过观察、问卷调查，与班主任和课任教师交谈等方式，结合农村留守儿童的不同情况实施分类管理，普及问卷等照顾留守儿童人格发展的不同情况的关系，在校学习情况及同伴交往情况等，建立农村留守儿童心理健康档案，定期召开工作会议，分析问题和不足，帮助农村留守儿童作为重点关注对象。其次，农村教师要做到普及心理健康教育知识，帮助他们的心理认知和情绪困扰，农村教师要做到普及心理健康教育知识，帮助他们的心理认知和情绪困扰，防患于未然，农村教师要通过留守儿童期间的心理冲突，排解他们的认知和情绪困扰，及时发展留守儿童的主题班会或心理健康课程，让留守儿童在互帮互助的集体氛围中，形成健康积极的人格特点，充分发挥集体和同伴团关人格倾向的主题班会或心理健康课程，温暖的班级环境，通过开设有关过留守期间的心理危机。最后，注重营造平等、温暖的班级环境，通过开设有关丰富多彩的文体活动中，形成健康积极的人格特点，充分发挥集体和同伴团体对农村留守儿童的引领作用。此外，学校还可以定期开展农村留守儿童照料者交流会。一方面让照料者了解留守儿童在校的学习及心理状况；另一方面听取照料者的意见、困难等，了解留守儿童的情况，并对照料者进行教育观念和方法的宣传和指导，使家庭和学校形成一个教育共同体，合力促进农村留守儿童的健康发展。

农村留守儿童的人格健康成长需要政府和整个社会的协同努力，齐抓共管。政府应加强和完善社会制度和社会环境建设。例如，妥善管理网吧等娱乐场所，严厉打击网站的违规违法行为，严格管制不良内容影视作品和游戏的传播，为农村留守儿童人格发展创造一个积极向上的社会环境。政府和学校还可组织多种形式的教育专题学习，为文化程度相对较低的农村留守儿童父母和照料者普及心理健康教育的知识，让他们认识到的农村留守儿童发展的关键期及儿童发展的重要作用。针对外出务工父母和照料者面临的不同教育问题，开展科学教育技能、方法的训练，特别加强照料者的责任意识，督促他们负担起留守儿童的教育责任。

五、结论

（1）与农村留守男童相比，农村留守女童的外向性、开放性水平更高，宜人性、谨慎性和情绪性水平更高。（2）家庭结构和父亲、母亲的文化水平都会对农村留守儿童人格特点产生影响。单亲家庭中留守儿童宜人性、谨慎性和开放性水平显著更高，母亲高中及以上水平的留守儿童谨慎性水平显著更高。（3）父母外出打工的起始时间、回家频率，对儿童的人格特点会产生影响。父亲外出打工起始时间越早，儿童的谨慎性、开放性水平明显更低，情绪性更高。父母在半年内回家一次，对儿童的人格发展呈正相关。其中，外向性、开放性、谨慎性、宜人性、谨慎性对农村留守儿童的社会性发展有显著正向预测作用。（4）除情绪性外，人格维度中的外向性、宜人性、开放性、谨慎性对农村留守儿童的社会性发展均有显著正向预测作用，儿童的人格发展与社会性发展呈正相关。农村留守儿童的五个维度对农村留守儿童社会性发展，其中，外向性、宜人性、谨慎性和开放性能够显著正向预测农村留守儿童社会性发展，情绪性则发挥负向预测功能。

第四章 农村留守儿童的家庭环境与社会性发展

家庭既是社会结构的基本单位，也是儿童生活的主要场所。儿童的社会知识、道德规范及社会行为等最先从家庭中获得，因此，家庭在促进儿童的社会性发展中起着潜移默化、不可替代的作用。影响儿童社会性发展的家庭因素，包括父母特点、家庭结构、教养方式、亲子关系等，其中亲子关系作为个体人生中建立的第一个人际关系，对儿童的社会性发展十分重要。

第一节 家庭中的亲子关系

一、亲子关系

亲子关系，是指以血缘和共同生活为基础，父母与亲生子女、养子女或继子女之间构成的关系（王云峰 等，2006）。这种父母与子女之间相互作用的过程与关系状态，包含了亲子之间的关爱、情感和沟通，能反映出整体的家庭关系或家庭氛围，也是家庭发挥养育功能的重要载体。

作为儿童一生中最早接触到的关系，亲子之间的相互作用和情感关系能够帮助儿童学习和发展对权威的理解、对规则的服从，帮助他们获得基本知识与技能，建立社会关系，形成自我概念，维护人格和心理的健康发展（Maccoby，1994；Updegraff et al.，2004）。不良的亲子关系则可能严重影响儿童的自我认同和社会交往能力，导致儿童出现问题行为、暴力倾向和精神障碍等，因此高质量的亲子关系是儿童健康发展过程中的保护因素（Shek，1997；俞国良 等，2003；吴念阳 等，2004）。

亲子依恋和亲子沟通是亲子关系质量的重要衡量指标。

二、亲子依恋及其相关研究

英国心理学家鲍尔比（Bowlby，1977）指出，依恋是儿童与主要照料者之间建立的一种强烈、密切、持久的情感联结，是个体寻求接触并亲近特定对象的某种倾向。依恋通过其行为表现出来，尤其是在受到惊吓、生病、疲劳或者处于其他突发状况需要获得照顾和保护时，个体的依恋系统就会被激活。这种具有独特指向性的情感联结，是儿童与其他个体建立关系的基础，在为个体提供亲密感、情绪支持和持续感的同时，还为个体探索自身和外部世界提供安全感和自信心，对个体的一生发展都具有积极深远的影响，不仅提高了儿童生存的可能性，而且构建了儿童终生适应的特点，帮助儿童终生都在向更好地适应生存的方向发展。

早期的依恋研究主要将依恋粗略地分为安全型依恋和非安全型依恋，后来加拿大心理学家安斯沃斯（Ainsworth，1979）运用陌生情境测验法，根据研究对象在陌生情境中的依恋行为与反应，将依恋模式分为安全型依恋、回避型依恋和反抗型依恋三种类型。后来又有研究者提出了第四种依恋类型——混乱型依恋。混乱型依恋的儿童同时带有回避型和反抗型依恋行为的特征，是最缺乏安全感的依恋类型。安全型依恋的儿童在探索外来事物过程中，常常表现出积极向上的态度，会收获别人的帮助和保障，并且热情地对待别人。虽然回避型、反抗型和混乱型的依恋模式不同，但是相对于安全性依恋，它们均属于非安全型依恋，都源于没有与依恋对象建立良好的依恋关系。儿童因为担心被依恋对象丢下和抛弃，经常处于愤怒、失望、恐惧和焦虑不安中，这些不良情绪还会泛化并表现在儿童对周围人和环境的关系之中，使他们形成怀疑、冷漠、孤僻和不自信等人格特征。因此，非安全型依恋的儿童难以对人产生信任感，在感情体验上更消极。

（一）亲子依恋的影响因素及其发展意义研究

亲子依恋的影响因素及建立安全依恋关系的重要意义，是自依恋理论创立以来研究者一直关注的焦点。影响儿童亲子依恋的因素众多，其中环境因素中的养育状况是影响亲子依恋的主要因素之一。依恋理论十分强调亲子间的互动质量对日后儿童人格、人际交往、价值观等社会性发展的作用。婴儿与照料者，尤其是与父母的良好互动能够带给婴儿足够的安全感，促使婴儿拥有积极的情绪体验，这种体验对于婴儿日后的情感发展意义重大。依恋理论的敏感性假设（sensitivity hypothesis）就提出，照料者的敏感性与个体依恋的安全性存在一定的相关性。当婴儿感受到危险或需要帮助时，照料者如果能够准确地感知并适时地、恰当地做出反应，婴儿则易形成安全的依恋。但是，目前这方面的跨文化研究结果尚存在分歧。例如，一项有关西方文化背景下母亲敏感性与安全依恋关系的元分析表明，两者之间存在中等程度的相关，但在其他某些文化背景中的研究没有发现两者间的密切联系。依恋发展的生态系统观则认为，从主要照料者到个体生活的家庭环境，都会对个体的依恋产生影响。除此之外，还有学者认为婴儿而非照料者，是他们各自依恋类型的缔造者。儿童自身的生物学因素，特别是气质特点，与依恋特性有着十分密切的关系。

依恋是儿童社会化研究的一个重要视角。研究发现，儿童早期建立的依恋关系，会对他们后来与同伴、他人形成的社会关系质量及社会交往行为都有很大影响。依恋理论的能力假设（competence hypothesis）认为，早期依恋的安全性可以预测个体今后的适应与发展。已有研究证实，与不安全依恋的个体相比，安全依恋的个体更自主，依赖性更少，能更好地调节消极情绪，出现问题行为的可能性更小，更容易形成亲密、稳定的同伴关系，在情绪和社会性方面有更好的发展。事实上，这种不同依恋状况发展上的差异，很大一部分是源于安全基地的作用。依恋理论的安全基地假设（secure base hypothesis）提出，个体的依恋质量与其探索外界的行为有十分密切的关系。安全依恋的儿童能感觉到被爱并充满自信，在新环境中会更多关注与周围的人交往和对环境的探索，而非过于担忧和焦虑自身的安全问题，因为他们相信遇到困难和危险时可以返回安全基地；与此相比，不安全依恋的儿童因为缺乏安全保障的信心，在游戏活动和自主探索方面表现出较多的畏惧情绪和回避、拒绝行为。可见，个体对客观世界的探索、能力的提升及最终的适应和成长，都是通过在心理上把依恋对象作为安全基地来实现的。

（二）依恋研究的发展

狭义的依恋即指亲子依恋。随着生命全程依恋观和多重依恋观的兴起，学术界出现了广义的依恋定义。广义的依恋从对象上包括父母、恋人、配偶、同伴等依恋，从时间上来说涉及幼儿期、儿童期、成年期等各个不同的发展阶段。广义依恋定义的出现，使早期局限于亲子关系的依恋研究在对象和时间上都有了较大的拓展。

1. 多重依恋研究

婴儿不仅对自己的主要照料者（如母亲）产生依恋，而且对生活环境中的其他许多人也同时产生依恋。依恋对象是婴儿经常接触的人，如母亲、父亲、家庭或社会其他成员。鲍尔比的依恋理论认为，儿童与不同成人建立的依恋关系具有相似性，而这一相似性是由母子依恋关系的特性决定的。如果儿童与母亲有较高的安全性依恋，那么他与父亲、其他照料者也容易建立具有相同特性的依恋关系。但也有研究者对这一观点质疑，认为由于每个依恋对象扮演角色的功能不同，依恋关系所产生的环境不同，儿童与不同成人建立的依恋关系间不必具有一致性，如多数婴儿会把母亲作为获取安慰的来源而把父亲作为游戏伙伴。后来有研究者将多重依恋分为三种模式：层级的、独立的、统一的或一体的。在层级模式中母亲被认为是最重要的，母子关系的特性能预测所有其他关系的特性；独立模式认为每种依恋关系的特性是独立的，且预示着不同的发展结果；统一模式则认为所有依恋关系可以被整合成一个单一关系的运作模式，儿童不是形成一种特别的依恋关系，而是产生一种对所有依恋关系都具有概括性的模式。

2. 成人依恋研究

依恋理论提出，虽然童年早期的依恋作用特别显著，但是依恋一直存在于个体的整个生命过程中。正是基于对依恋关系本质的这种理解，20 世纪 80 年代末，研究者开始关注成年期的依恋研究。但由于成人行为的表达含义复杂，所以研究者更多采用会谈和自我报告的方法，通过分析个体的表达方式来评估成人的依恋状况。目前成人依恋的相关研究，主要表现出三种取向：发展背景取向、社会人格取向和认知神经科学取向。其中，依恋研究的发展背景取向强调成人依恋在宏观和微观背景下的发展，强调发展背景的重要性，既包括种族、政治、经济、文化等宏观因素对成人依恋的影响，也包括家庭、恋人和同伴群体等微观背景中依恋关系的研究。社会人格取向的成人依恋研究不关注成人的养育行为及父母依恋对子女依恋模式的影响，而是重点探讨依恋对个体人格、情绪情感、人际关系、个人适应等方面的影响。认知神经科学取向的依恋研究则注重生物因素对依恋的影响，认为在个体依恋系统自动激活的同时，其神经系统、内分泌系统和大脑也会发生一系列相应的变化，研究者可以借助脑功能成像技术和生理心理学方法探讨依恋的神经生理机制。

三、亲子沟通及其相关研究

亲子沟通是父母与子女通过言语或非言语的方式交流信息、观点、情感或态度，达到增强情感联系或解决问题等目的的过程（Munz，2018）。亲子沟通是儿童社会化的一个具体形式和重要途径，良好的亲子沟通有助于亲子双方相互了解，形成亲密的情感联结，促使儿童更多选择积极的应对方式，增强良好家庭教养方式的保护作用。不良的亲子沟通更容易导致儿童对自己、他人和周围环境产生不良认识和消极体验，进而对儿童的学业成绩、心理与行为产生消极影响。

（一）亲子沟通的影响因素

影响亲子沟通的因素主要源于儿童自身和父母两个方面。这两个方面因素并不单独发挥作用，而是同时制约着亲子沟通的质量。了解这些因素对提升亲子沟通质量有着重要意义。

1. 儿童自身因素

儿童自身是影响亲子沟通质量的重要因素，主要包括性别、年龄等方面。

尽管不少研究者探讨了儿童亲子沟通的性别差异，所得结果并不完全一致，但大多数研究仍表明，无论是与父亲沟通还是与母亲沟通，女生的亲子沟通水平都显著高于男生(张峰，2006；陈秋香 等，2017；徐杰 等，2016)。女生的开放表达、交流、参与倾向性、沟通灵活性和动力性等比男生更好(杨晓莉 等，2008；李瑾 等，2016)，沟通中存在的问题也显著少于男生(朱泽军 等，2019)。还有研究发现(王丽娟 等，2009)，与男生相比，女生更善于表达情绪情感，无论什么样的话题都比男生更善于向父母袒露；在信息交流的类型方面，女生更多地与母亲讨论性、人际关系、家庭性别角色等方面的问题，而男生则较少提及话题。从发展心理学的角度看，女生的身体发育和心理发展都比男生早，较男生相对成熟，在言语和交往能力方面也更有优势，一个善于表达自己思想和情感的人无疑可以更好地进行沟通与交流。同时，这种性别差异可能还与父母期望不同有关。我国大多数父母对男孩的期望高于女孩，对男孩要求更为严格，容易导致男孩产生逆反心理，出现亲子沟通障碍。

青春期前后亲子沟通也会发生相应的变化，表现出显著的年龄差异。不少研究发现，亲子沟通呈现先下降后上升的 U 字形发展趋势，但在下降起始的年级和最低值的年级上不同研究的结果有所差异(代金航，2013；张峰，2006；方晓义 等，2006；周宇峰 等，2012)。例如，张峰(2006)研究得出，八年级亲子沟通水平开始下降，九年级或高一达到最低点，随后开始回升。李瑾等(2016)研究得出，六年级学生的亲子沟通水平最高，到了七八年级逐渐下降，八年级成为亲子沟通水平的最低点，九年级开始有所回升。杨晓莉等(2008)研究表明，七年级学生对父母的倾听与反应较好，八年级学生与父母沟通交流较少，高一学生与父母沟通中的分歧与冲突程度较高，高二学生对父母理解性较高。可见，亲子沟通的状况在小学阶段相对较好，初中阶段达到最低值，进入高中后又开始有所回升。这可能是因为，亲子沟通与儿童心理的发展变化密切相关：小学阶段儿童仍然比较依赖父母，父母是他们主要的沟通对象；进入青春期，个体身体和生理机能迅速发育并趋于成熟，自我意识和独立意向增强，表现出更多的自我中心和心理闭锁，如果父母没有意识到孩子心理上的这些变化，仍用原来的方式进行沟通，必然会出现亲子沟通问题，从而使孩子开始更多转向与同伴之间的交往和沟通；随着高中生认知水平逐渐提高，心理发展相对成熟，他们开始更多地掌握与父母沟通的策略，也能用更理性的态度与父母沟通，因此与父母的沟通质量得到了回升和提高。

2. 父母因素

根据沟通对象，亲子沟通可分为母子沟通和父子沟通两类。研究表明，无论是沟通的水平还是沟通的内容、沟通的频率等方面，都是母子沟通好于父子沟通。与父子沟通相比，儿童与母亲的沟通情况显著更好，他们与母亲的沟通动机、沟通能力更强（徐杰 等，2016；李瑾 等，2016），与母亲沟通的开放性更好、存在的问题更少（周宇峰 等，2012），与母亲沟通更多（王丽娟 等，2009；杨晓莉 等，2008；代金航，2013）。这可能是因为我国家庭主要由母亲照顾子女生活，子女与母亲接触时间更多、交流更频繁，而父亲往往忙于工作，与子女沟通时间较少，并且父亲更多以指导者、经验传授者而非平等交流者的身份与孩子沟通。

父母的文化程度也会影响他们与子女的沟通，但研究结果仍存在一定分歧。第一类研究发现，父亲和母亲的文化程度都会对亲子沟通产生影响。例如，文化程度较高的父母与子女之间有更高的沟通频率和沟通质量（毕馨文 等，2018）。第二类研究结果表明，只有母亲的文化程度会影响亲子沟通，父亲的影响不显著（代金航，2013；陈敏丽 等，2012）。第三类研究结果是，父亲的文化程度影响与子女的沟通，但母亲的文化程度对子女沟通的影响不显著（陈秋香 等，2017）。不论上述结果存在怎样的分歧，其共同点都是文化程度越高，亲子沟通的质量往往越好。这可能是因为，文化程度较高的父母不仅能够运用解释、澄清及合理回应等方式进行亲子沟通，而且能够通过开放、直接、不带威胁性和防御性的方式表达自己的观点，包容和理解子女，接受他们不一样的世界观和人生观。

还有研究探讨了家庭结构、父母职业对亲子沟通的影响。结果表明，家庭结构是影响亲子沟通水平的一个重要因素。与核心家庭儿童相比，单亲家庭的亲子沟通相对更差、冲突更多，同时离异和收养家庭儿童与父母的沟通也比同伴之间的沟通更为困难（代金航，2013），完整家庭比单亲家庭和组合家庭在沟通方式方面也更具优势（陈敏丽 等，2012）。在父母职业的影响上，教师、医生、公务员、工程师父母比外出打工者、自由职业者、全职父母，亲子沟通时会更多地鼓励孩子提出不同的意见，不惧怕家庭成员之间的分歧，更注重讨论问题本身，外出打工者与子女的沟通往往会存在更多困惑（陈敏丽 等，2012）。

(二)亲子沟通对儿童社会性发展的影响

良好的亲子沟通有利于儿童的心理健康，这方面的研究结果较为一致。例如，良好亲子沟通的学生与不良亲子沟通的学生在学习焦虑、对人焦虑、孤独倾向、过敏倾向、身体症状、恐怖倾向、冲动倾向的因子得分及 MHT 总分均存在显著差异，缺乏良好的亲子沟通可能是青少年心理健康问题的重要危险因素（孔金旺，2011）。亲子沟通与学生的心理健康水平呈显著相关，并能够显著预测他们的心理健康状态（税晓燕 等，2021），对学生自尊发展产生积极影响（周宇峰 等，2012）。不但现实中面对面的亲子沟通具有这样的影响，而且网络亲子沟通也能负向预测青少年的抑郁水平，表现出一定的积极保护作用(柴唤友 等，2019)。

在亲子沟通与儿童社会性发展的关系方面，魏俊彪等(2009)对大学生进行的问卷调查结果发现，大学生亲子沟通类型与价值观密切相关。王争艳等(2004)研究表明，父子沟通的时间和母子沟通的态度对儿童同伴关系有显著影响。如果父亲与孩子有较长的沟通时间，母亲能够很有兴趣地、耐心地与孩子进行谈话，会促进孩子同伴关系的发展。亲子沟通与青少年违法、违纪等问题行为之间也有着密切的关系，亲子沟通对青少年吸烟行为有显著的负向预测作用(谢倩 等，2018)，如果青少年没有时间把自己的烦恼、困惑和苦闷说出来，日积月累就会出现一些违纪行为或反社会行为，如经常不听管教、说谎、偷东西等(王争艳 等，2004)。

第二节　农村留守儿童亲子依恋与社会性发展研究的文献分析

留守儿童作为一个相对庞大的群体，其身心发展状况成为影响人口素质提高和社会发展稳定的一个重要因素。与父母长时间和远距离的分离，以及由此产生的情感支持和安全港湾缺乏，有效指导和榜样缺位等，会对留守儿童的亲子依恋产生消极影响，既降低他们对外部世界的信任感和安全感，也削弱他们对自身价值的积极认知。对农村留守儿童依恋问题的探讨有助于进一步验证和完善依恋理论，指导提升或改善农村留守儿童依恋质量，促进其社会性发展。

一、农村留守儿童的亲子依恋状况

(一)农村留守儿童与非留守儿童亲子依恋的差异

从现有文献来看，有关留守儿童与非留守儿童亲子依恋之间是否存在差异，结论并不一致。部分研究显示，留守儿童的依恋水平显著低于非留守儿童。例如，唐玲(2009)、张连云(2011a)、李晓巍等(2013)的研究结果表明，无论是母亲依恋还是父亲依恋，留守儿童的得分均显著低于非留守儿童。彭运石等(2017)采用父母和同伴依恋问卷(IPPA)对 577 名留守儿童和 613 名非留守儿童进行调查，发现留守儿童的母亲依恋得分显著低于非留守儿童，父亲依恋没有显著差异。刘小先等(2016)在安徽省共调查了 1 026 名四至六年级学生，结果发现父母单方外出打工的留守儿童与非留守儿童在亲子依恋总分及各维度得分上差异均无统计学意义，而父母双方外出打工的留守儿童，其母亲依恋、父亲信赖等得分均显著低于非留守儿童。但也有一些研究者比较了留守儿童与非留守儿童的亲子依恋，发现两者之间的差异尚未达到显著程度(范丽恒等，2009；梁凤华，2017；吴伟华，2016；朱贝珍，2017)。

结论存在分歧的原因可能有以下几点。第一，研究选择的被试存在年龄差异。小学儿童的依恋发展特点本就与青春期的初高中学生有很大不同。初高中学生的依恋对象范围从母亲、父亲逐渐扩大到同伴，即同龄伙伴也可以部分发挥安全港湾和避难所的功能。第二，对于初高中学生来说，他们可以通过网络、手机等通信工具与父母保持较高频率的互动，这在一定程度上能够减少父母外出打工带来的负面影响。第三，研究关于留守儿童的操作定义也不相同，有的研究选择了父母双方外出打工的留守儿童，有的研究则只分析了父亲外出母亲留守的情况(梁凤华，2017)，在这种情况下，儿童的常态生活并未发生较大改变。

个体与他人建立亲密关系的能力是健康人格的重要特征。留守儿童的父母不在身边，家庭环境常常难以发挥正常的功能，导致留守儿童无法建立适宜的安全依恋关系。当父母没有提供基本的信任感和安全感时，留守儿童在面对生活、学习和社交难题时就难以进行有效沟通和交流，不能及时获取力量以应对留守生活的挑战和压力，而是表现出羞怯、退缩、消沉、攻击、抗拒。但需要考虑的是，亲子分离是否必然会对亲子关系和亲子依恋产生负面影响？父母双方或一方外出打工既可改善家庭的社会经济状况，也可为农村父母带来新的价值观和教育观，这对留守儿童的发展都会产生一定的积极作用。事实上，并非所有的留守儿童都会表现出不安全依恋的特质，研究者仍需要借助家庭状况、留守时间、联系频率等变量，进一步深入分析留守状况对亲子依恋产生影响的内在机制。

(二)农村留守儿童亲子依恋的性别和年龄差异

在农村留守儿童亲子依恋的性别差异方面，琚晓燕(2005)、梁凤华(2017)等对农村留守儿童进行的研究均发现，单亲外出打工的留守儿童对父母依恋质量的性别主效应不显著，但双亲外出打工的留守儿童与父母依恋的性别差异显著，且表现为女生对父母的依恋质量显著高于男生。杨圆圆等(2012)、姚治红(2015)的研究结果显示，农村留守男生在母亲疏远维度显著高于农村留守女生，女生的同伴信任、同伴支持和父亲依恋显著高于男生。这种留守儿童依恋的性别差异模式似乎再一次验证了女性重视关系、男性重视独立的观点。同时，由于女生更愿意表达自身的意愿和情感，其移情能力也显著高于男生，更能够理解父母外出务工的目的和艰辛，进而与父母保持更加良好而亲密的关系。

在农村留守儿童依恋水平的发展变化方面，研究者杨圆圆等(2012)发现，随着年级增长，儿童与父母的关系变得复杂和矛盾：他们对母亲的依恋水平会经历一个起伏，8岁时较低，9~10岁时较高，到了11~12岁又有所下降；对父亲的依恋水平在 8 岁之后随年龄增长，会越来越重视与父亲的交流。王玉龙等(2016)的研究结果则表明，小学高年级儿童亲子依恋的年级主效应显著，亲子依恋水平会随年龄增长而降低。研究者认为，这是因为随着心理和生理成熟，儿童产生了越来越多独立自主的愿望，在情感上逐渐脱离父母，开始更多向同伴倾斜。尽管依恋是一个终生建构的过程，但是依恋对象会从父母逐渐转向同伴、恋人、配偶等(Liebeman et al.，1999)。然而，梁凤华(2017)的研究发现，无论是单亲还是双亲外出打工的留守儿童，他们与不同依恋对象的年级主效应都没能达到显著程度，儿童对父母的依恋具有相对的稳定性。

(三)农村留守儿童的多重依恋关系

鲍尔比曾提出婴儿的依恋对象一般不止一个，与依恋对象不同的亲密程度形成了一种"依恋层次"。留守儿童尽管与父母有着时空上的分离，但是他们的依恋特点同样符合鲍尔比的观点，通常情况下父母仍然是他们的依恋对象，只是依恋的对象并不止一个，亲疏程度也各不相同。

现有研究表明，单亲外出打工的留守儿童的依恋对象集中在母亲、父亲和同伴，双亲外出打工的留守儿童的依恋对象依次为照料者、母亲、父亲和同伴(赵文德，2008；朱贝珍，2017)。在农村，一般单亲外出打工的家庭多为父亲外出，母亲留在家里照看儿童，儿童和母亲在一起的时间更多，生活中更多的物质需求满足和情感支持大多由母亲提供，他们同母亲谈论问题及其他情绪困扰时感到更为自然，因此，大多单亲外出打工的留守儿童将母亲作为主要依恋对象，对母亲更加信任和依恋。父亲更可能被看作关系相对较远的一个权威人物，是家里的经济支柱。父亲外出挣钱，符合儿童对父亲的角色期望，这种父亲单方外出打工的状况不会导致儿童生活结构发生太大变化，因此他们的依恋对象与非留守儿童基本相似。

对于双亲外出打工的留守儿童，现有照料者则成为他们的首要依恋对象，其次才是母亲、父亲和同伴。显然由于外出打工，父母无法发挥安全基地功能和避难所作用，留守儿童的多重依恋系统会发生一些变化，与儿童接触最多、相对更能及时满足儿童需求的照料者，会取代父母成为儿童最主要的依恋对象。但也有研究者获得了不同的结论。例如，范丽恒等(2009)采用问卷法以河南省农村普通中学的留守和非留守儿童为研究对象，结果发现：双亲外出打工的留守儿童对母亲的依恋水平最高，显著高于对父亲、同伴和照料者的依恋水平，且后者之间差异并不显著。研究者认为，这可能是因为双亲外出打工的留守儿童的照料者大多数是祖辈，祖辈与儿童的年龄相差较大，沟通和交流相对更加困难，同时他们对留守儿童的照料远不及母亲那么敏感和细致。

农村留守儿童与父母的"情感剥夺"，导致儿童难以建立安全的亲子依恋关系，因此，农村留守儿童在社会中获得其他必要的人际关系支持，重建并完善多重依恋系统，尤为重要。特别在人际关系从以父母为中心转向以同伴为中心的青春期，建立良好的同伴关系和同伴依恋逐渐成为个体社会性发展的主要方面。

二、亲子依恋对留守儿童社会性发展的影响

亲子依恋是塑造个体健康人格的第一环境，也是个体成年后与人交往的重要基础。鲍尔比认为，个体通过评估自身被依恋对象接纳的程度，形成一种关于自我、依恋对象及自我同依恋对象关系的认知表征，即"内部工作模式"。随着年龄的增长及与依恋对象互动经验的丰富，个体的内部工作模式也不断得以修正和发展，影响和指导着个体的社会行为。

（一）亲子依恋与农村留守儿童情绪和行为问题的关系

现有关于亲子依恋与儿童情绪和行为特点之间关系的研究成果表明，安全型依恋与适应性、建设性的情绪调节存在显著正相关，与消极情绪存在显著负相关。早期建立了安全型依恋的儿童，有更好的情绪适应能力，较少通过发怒或者消极的方式来调节情绪，而回避型依恋的个体则经常表现出更高的敌意。亲子依恋得分越高，儿童情绪调节能力的得分越高，攻击性和抑郁得分越低（杨巧芳，2013；Contreras et al.，2000；Zimmermann，1999）。不安全型依恋的儿童会存在人际关系问题，在人际交往中表现出更多的不合作及消极情感，更少的亲社会行为，不被同龄人或重要他人喜欢，进而更容易用攻击行为表达自己的需求（Sroufe，2005）。还有其他学者的研究同样发现，儿童的不安全依恋通常伴随着显著相关的高攻击水平，而依恋关系越好，攻击水平就会越低（李天莉 等，2010；Fearon et al.，2010；Harachi et al.，2006）。可见，亲子依恋是理解儿童情绪调节能力和适应行为发展的重要视角，儿童在生活早期形成的工作模式，构成了个体在其他情境下情绪和反应的基础，并对个体以后的社会适应和情绪调节能力产生深远的影响。

一些调查结果发现，留守儿童的情绪性问题行为与母亲依恋、父亲依恋均存在显著的负相关，并且亲子依恋特别是母亲依恋能够显著预测留守儿童的情绪性问题行为（卢茜等，2015；谢玉兰，2007）。以攻击行为与亲子依恋的关系研究为例（姚荣英 等，2015；姚治红，2015），母亲疏远、父亲疏远可以显著预测儿童攻击性，与父母越疏远，儿童攻击性越高；父母依恋得分高的儿童，攻击行为相对较低。也就是说，留守儿童与父母的依恋水平越高，情绪性问题行为的发生率就越低。这可能是因为未能形成安全型依恋的留守儿童，缺乏父母的教育和指导，在面临复杂情境时，低信任感和低安全感导致他们更多采取语言、身体的攻击行为。在母亲依恋和父亲依恋对儿童情绪性问题的影响上尚存在分歧。卢茜等（2015）研究发现，父亲依恋对儿童攻击行为的预测效应并不

显著。这是因为我国农村地区的母亲更多承担了儿童的饮食起居、情感需求满足的任务，母亲依恋会直接影响留守儿童的情绪性问题行为。而父亲则与儿童亲近不足、沟通较少，对儿童发展的影响并不明显。也有学者认为，尽管父子间的感情互动是隐性的、不明显的，但是父亲依恋依然十分重要，这种依恋情感很可能通过其他中介变量对儿童发展产生间接影响（李晓巍 等，2013；Peter et al.，2008）。

（二）亲子依恋与农村留守儿童社会适应、心理健康的关系

有关留守儿童亲子依恋与社会适应、心理健康的关系研究，也获得了不少成果。例如，梁凤华（2017）通过整群随机抽样的方式，调查了江西地区农村留守和非留守初中生，发现农村留守初中生的社会适应能力受亲子依恋质量的显著影响，与父母双方均不能形成安全型依恋的农村留守初中生的社会适应能力最差，仅与母亲建立安全型依恋就能显著增强农村留守初中生的社会适应能力，有助于个体积极面对生活中遇到的各种问题。这说明儿童的留守状态并不必然造成适应问题，能否与父母特别是母亲建立信任、沟通和亲密的积极关系，可能是促进儿童良好社会适应能力的关键。杨圆圆等（2012）的研究结果表明，留守儿童的亲子疏离和亲子信任能够很好地预测他们的心理健康水平，解释率达到25.9%。以心理健康的重要指标（生活满意度、主观幸福感）来看，研究发现（王玉花，2010；赵文德，2008），留守儿童的亲子依恋水平可以预测他们的总体生活满意度，依恋焦虑能显著预测童年期有留守经历大学生的主观幸福感，并且社会支持在两者之间发挥着中介作用。吴伟华（2016）考查了留守儿童亲子依恋与自伤行为的状况，发现亲子依恋能够负向预测儿童的自伤行为。

调研过程中研究者还发现，处于不利环境的留守儿童并不必然出现心理行为的异常情况，在某些方面他们甚至会表现得比非留守儿童还要优秀（李静，2013；吴文春 等，2011）。随着积极心理学的兴起，这些学者从心理弹性、心理韧性等理论视角出发，探讨了留守儿童的亲子依恋对发展儿童积极心理品质的影响（赵永靖 等，2014；周舟 等，2019）。他们发现：亲子依恋与儿童心理韧性、心理弹性存在显著正相关；相对于父亲依恋而言，母亲依恋对儿童心理韧性及各因素的影响更大，是儿童心理韧性的重要预测变量。弗洛伊德也认为个体最早的社会关系是婴儿时与母亲的关系，这种关系是以后个体所有心理事件的原型。研究者建议，父母在同儿童相处时，应注重培养同儿童之间的信任关系，这将有助于发展留守儿童的心理韧性、心理弹性等积极心理品质，同时作为儿童主要照料者的母亲最好不要外出打工。这些研究成果不仅有助于我们了解农村留守儿童发展出现差异的原因，而且可以帮助我们更深入地发掘儿童自我成长的能力，促进他们积极地适应留守生活。

(三)亲子依恋的中介作用

研究者除了对留守儿童亲子依恋与儿童发展之间的直接关系进行分析,还越来越关注这种关系中可能存在的各种间接路径。吴伟华(2016)的研究发现,亲子依恋对儿童自伤行为的影响途径有三条:一是直接影响;二是以情绪调节能力为中介间接影响;三是以社会自我效能感和情绪调节能力为序列中介发挥作用。其他的研究成果表明,心理弹性在农村留守儿童的母亲依恋对积极应对方式的影响中起部分中介作用(王淑芳,2010),情绪调节在依恋和攻击性之间起中介作用(姚治红,2015),师生关系在亲子依恋与留守儿童的主观幸福感之间起部分中介作用,留守儿童的亲子依恋既可以直接预测主观幸福感,又可以通过师生关系预测主观幸福感(李晓巍 等,2013)。王玉龙等(2016)的研究表明,尽管亲子依恋安全性与情绪调节能力有显著正相关,但并不是早期形成了良好的亲子依恋关系,情绪调节能力就会自然得到健康的发展。亲子依恋关系只是为情绪调节能力的发展奠定了基础,留守时间在两者之间能够发挥显著的调节作用:留守时间越长,情绪调节能力的发展越依赖于早期亲子依恋。因此,早期形成的亲子依恋质量有着基础性作用,在儿童形成较好的亲子依恋关系的前提下,即使父母较长时间不在儿童身边,儿童依然能发展出良好的情绪调节能力;但是,如果父母在亲子依恋关系尚未很好建立前就长期离开,儿童将难以发展出良好的调节能力,可能出现更多的情绪问题。

无论是早期的亲子依恋理论,还是后来的亲子依恋相关实证研究都证明,高质量的依恋关系对儿童的健康成长起着重要的推动作用。整个社会应致力于通过各种途径营造良好的教育氛围,激发留守儿童父母的教育参与意识,使他们更好地承担起父母职责。

三、研究简评

农村留守儿童是我国特有的一种社会现象,在农村儿童总量中占比较大。与父母长时间和远距离的分离体验,会给农村留守儿童带来情感支持薄弱、安全基地和避难港湾匮乏、人际交往的典型榜样和有效指导缺失等诸多问题,极大地影响着他们对自我和社会的认识,阻碍其个性和社会性的健康发展。良好的父母依恋与同伴依恋为儿童提供了安全基地和避难港湾,使他们获得更多的社会支持,从心理上产生安全感。

学校环境同样是对农村留守儿童影响较大的社会因素之一,教师和同伴会越来越多地成为留守儿童除父母和家庭之外的主要支持源。学龄期的儿童大多时间在学校,同伴开始逐渐成为留守儿童生命中的"重要他人"。亲密的同伴关系和友谊能较好地满足儿童对安全感,归属和爱,以及尊重的需要。对于情绪起伏较大的儿童来说,同伴接纳和友谊体验是个体心理安全感发展的重要催化剂。特别在留守处境短期难以改变的现实条件下，建立良好的社会支持网络，重视发展同伴关系，发挥学校和教师的引领作用，能够更好地维护农村留守儿童的心理健康。

第三节　农村留守儿童亲子沟通与社会性发展关系的实证研究

一、问题提出

亲子沟通作为个体社会化的一个具体形式和重要途径，其状况、质量和方式等不仅会影响儿童对自我和社会的认知，而且还会影响他们的人际关系、心理健康和学业。

自 20 世纪 70 年代以来，国内外学者就采用观察法和问卷法对儿童亲子沟通的内容、频率、主动性、满意度、存在的问题，亲子沟通的内部心理过程及影响因素，亲子沟通对儿童心理发展的影响，改善和提高儿童亲子沟通效果的有效途径和方法等问题，开展了大量研究。家庭功能理论认为，家庭成员通过沟通表达亲密，也通过沟通来处理与适应有关的问题。现有研究也发现，良好的亲子沟通确实有利于促进儿童的心理健康发展。例如，良好的亲子沟通与学生的心理健康水平显著相关，并能显著预测他们的心理健康状态，表现出一定的积极保护作用(柴唤友 等，2019；孔金旺，2011)。不良的亲子沟通，则与青少年更多不良的社会行为有关(方晓义 等，2016；王争艳 等，2004)。

从现有研究可以看出，有关亲子沟通对留守儿童社会性发展的影响研究仍存在一定的局限性。第一，研究仍较多停留在儿童社会性发展的部分维度，如心理健康、情绪和行为问题等，对儿童整体社会性发展的影响研究较为缺乏。第二，留守儿童社会性发展的差异分析大多从不同留守境况的视角进行探讨，缺少以留守带来的亲子沟通变化为基础的分析。因此，本研究拟就留守儿童和非留守儿童亲子沟通差异的视角入手，分析亲子沟通对儿童整体社会性发展的影响。

二、研究方法

(一)被试的选择
被试选择详见第二章第二节研究方法介绍中的"被试的选择"。

(二)研究工具
亲子沟通问卷。采用王树青等(2006)修订的亲子沟通问卷，该问卷主要关注亲子沟通质量，具有较好的信度和效度，包括两个维度：沟通开放性和沟通问题。开放性是指亲子间开放、自由地交流信息，亲子互动没有限制，亲子间相互理解及满意程度较高，是沟通的积极方面，如"如果遇到麻烦，我会告诉父母""我会公开地表达我对父母的感情"；沟通问题是指沟通中的消极方面，主要表现为亲子间采用消极的互动方式，有选择性地、谨慎地表达自己的观点，如"我会避免与父母讨论某些话题""我有时候害怕向父母询问想问的事情"。每个维度有 10 个题目，问卷共 20 个题目，要求被试对每个题目都从父亲和母亲两方面根据实际状况进行评定。问卷采用 5 点计分法，部分题目要反向计分，总分越高表明亲子沟通越好。本研究中父/母问卷的内部一致性系数为 0.73、0.75。

自编的农村儿童社会性发展问卷。

(三)研究程序及数据处理

由经过培训的心理学专业研究生担任主试，采用相同的指导语，进行集体测试。被试作答完毕后，主试当场收回问卷，所有数据采用 SPSS 19.0 进行分析。

三、结果与分析

(一)农村留守儿童与非留守儿童亲子沟通的差异分析

采用独立样本 t 检验分析农村留守儿童与非留守儿童在亲子沟通各维度上的差异，结果见表 4-1。

表 4-1　农村留守儿童与非留守儿童亲子沟通的差异分析

	留守($n=1\ 789$)	非留守($n=892$)	t
母子沟通开放性	3.64 ± 0.86	3.70 ± 0.85	1.72
母子沟通问题	2.74 ± 0.69	2.71 ± 0.69	-1.11
父子沟通开放性	3.54 ± 0.90	3.57 ± 0.88	0.79
父子沟通问题	2.73 ± 0.68	2.72 ± 0.69	-0.462

由表 4-1 可知，农村留守儿童与非留守儿童在亲子沟通各维度上均不存在显著差异。

(二)农村留守儿童亲子沟通状况的差异分析

1. 农村留守儿童亲子沟通的性别差异

采用独立样本 t 检验分析农村留守儿童在亲子沟通各维度上的性别差异，结果见表 4-2。

表 4-2　农村留守儿童亲子沟通性别差异分析

	男（$n=922$）	女（$n=867$）	t
母子沟通开放性	3.66±0.83	3.62±0.89	1.02
母子沟通问题	2.77±0.70	2.71±0.69	1.92
父子沟通开放性	3.54±0.88	3.54±0.92	0.08
父子沟通问题	2.77±0.69	2.68±0.67	2.61**

注：* $p<0.05$，** $p<0.01$，*** $p<0.001$。

由表 4-2 可知：（1）农村留守儿童在与父亲沟通问题上存在显著的性别差异，农村留守男童存在的沟通问题更多；（2）农村留守儿童在与父亲沟通开放性、与母亲沟通开放性及与母亲沟通问题上不存在显著的性别差异。

2. 农村留守儿童亲子沟通的年级差异

农村留守儿童亲子沟通年级差异分析结果见表 4-3。

表 4-3　农村留守儿童亲子沟通年级差异分析

	五年级（$n=452$）	六年级（$n=383$）	七年级（$n=239$）	八年级（$n=383$）	九年级（$n=332$）	F
母子沟通开放性	3.80±0.72	3.78±0.89	3.62±0.88	3.50±0.91	3.44±0.85	13.28***（五，六＞七，八，九；七＞九）
母子沟通问题	2.71±0.71	2.71±0.75	2.77±0.70	2.78±0.69	2.76±0.61	0.91
父子沟通开放性	3.71±0.78	3.73±0.91	3.44±0.95	3.37±0.93	3.36±0.88	15.46***（五，六＞七，八，九）
父子沟通问题	2.65±0.69	2.72±0.75	2.76±0.70	2.78±0.67	2.76±0.59	2.32

注：* $p<0.05$，** $p<0.01$，*** $p<0.001$。

由表 4-3 可知：（1）农村留守儿童在父亲开放性、母亲开放性方面均存在显著的年级差异，经过进一步检验得到，主要的差异体现在五、六年级儿童与父母沟通开放性显著高于七、八、九年级儿童，但五、六年级儿童差异不显著，七、八、九年级儿童之间的差异也不显著。这就意味着，与农村初中留守儿童相比，农村小学高年级留守儿童亲子沟通的开放性更好。（2）在父母沟通过程中存在问题方面，均不存在显著的年级差异。

3. 农村留守儿童亲子沟通的家庭结构差异

采用独立样本 t 检验分析农村留守儿童在亲子沟通各维度上的家庭结构差异，结果见表 4-4。

表 4-4　农村留守儿童亲子沟通家庭结构差异分析

	完整家庭($n=1\ 536$)	单亲家庭($n=253$)	t
母子沟通开放性	3.68 ± 0.84	3.33 ± 0.94	5.52^{***}
母子沟通问题	2.72 ± 0.69	2.85 ± 0.69	-2.38^{*}
父子沟通开放性	3.58 ± 0.88	3.27 ± 0.99	4.51^{***}
父子沟通问题	2.71 ± 0.69	2.83 ± 0.65	-2.32^{*}

注：$^{*}p<0.05$，$^{**}p<0.01$，$^{***}p<0.001$。

农村留守儿童在与父亲沟通开放性、与母亲沟通开放性及与父亲沟通问题、与母亲沟通问题上都存在显著的家庭结构差异。具体表现：在与父亲沟通开放性、与母亲沟通开放性上完整家庭留守儿童的得分显著高于单亲家庭留守儿童；在与父亲沟通问题、与母亲沟通问题上单亲家庭留守儿童的得分显著高于完整家庭留守儿童。这就说明家庭结构影响了亲子沟通的开放性，增多了亲子沟通的问题。

4. 农村留守儿童亲子沟通的父母受教育程度差异

采用独立样本 t 检验分析农村留守儿童在亲子沟通各维度上的父母受教育程度差异，结果见表 4-5。

表 4-5　农村留守儿童亲子沟通父母受教育程度差异分析

	初中及以下 ($n_{母}=1\ 328$，$n_{父}=1\ 217$)	高中及以上 ($n_{母}=461$，$n_{父}=572$)	t
母子沟通开放性	3.61 ± 0.86	3.74 ± 0.86	-2.70^{**}
母子沟通问题	2.74 ± 0.68	2.72 ± 0.72	0.50
父子沟通开放性	3.50 ± 0.92	3.62 ± 0.88	-2.45^{*}
父子沟通问题	2.75 ± 0.68	2.68 ± 0.70	2.05^{*}

注：$^{*}p<0.05$，$^{**}p<0.01$，$^{***}p<0.001$。

父母受教育程度不同的农村留守儿童在与沟通开放性、沟通问题上都存在显著差异。具体表现：高中及以上学历的父亲和母亲在与孩子的沟通开放性上，都显著好于初中及以下学历的父母，而且高中及以上学历的父亲表现出的亲子沟通问题也更少。这表明，父母的受教育程度越高，越能认识到与儿童沟通的重要性，亲子沟通的质量也越好。

(三)农村留守儿童亲子沟通与社会性发展的相关和回归分析

将农村留守儿童亲子沟通与社会性发展各个维度两两之间进行相关分析,结果如表4-6所示。

表4-6 农村留守儿童亲子沟通与社会性发展的相关分析($n = 1\,789$)

	社会道德	社会态度	社会情感	社会行为	社会交往	社会性发展总分
母子沟通开放性	0.27***	0.29***	0.35***	0.36***	0.36***	0.42***
母子沟通问题	−0.15***	−0.15***	−0.19***	−0.21***	−0.20***	−0.23***
父子沟通开放性	0.28***	0.28***	0.38***	0.38***	0.38***	0.44***
父子沟通问题	−0.14***	−0.13***	−0.20***	−0.22***	−0.22***	−0.24***

注:* $p < 0.05$,** $p < 0.01$,*** $p < 0.001$。

由表4-6可知:父子沟通开放性、母子沟通开放性与农村留守儿童社会性发展总分及各个维度均呈显著的正相关,亲子沟通开放性水平越高,儿童社会性发展水平越高;父子沟通问题、母子沟通问题与农村留守儿童社会性发展总分及各个维度均呈显著的负相关,父子沟通问题、母子沟通问题越多,儿童社会性发展水平越低。

再以亲子沟通各维度为自变量,以社会性发展为因变量,进行回归分析,结果见表4-7。

表4-7 农村留守儿童亲子沟通对社会性发展的回归分析($n = 1\,789$)

因变量	预测变量	β	t	ΔR^2	F
社会性发展总分	父子沟通开放性	0.26	6.60***	0.21	114.85
	父子沟通问题	−0.04	−0.96		
	母子沟通开放性	0.18	4.59***		
	母子沟通问题	−0.05	−1.15		

注:* $p < 0.05$,** $p < 0.01$,*** $p < 0.001$。

由表4-7可知:父子沟通开放性和母子沟通开放性对儿童社会性发展具有显著的正向预测作用,父子沟通问题、母子沟通问题预测作用不显著。这就说明,亲子沟通对儿童的社会性发展具有重要的影响,特别是亲子沟通的开放性有利于儿童社会化进程的加快。

四、讨论

(一)农村留守儿童与非留守儿童亲子沟通的差异分析

张艳等(2013a)研究表明,农村留守儿童父子沟通得分显著低于非留守儿童。但本研究发现，农村留守儿童与非留守儿童在亲子沟通各维度上均不存在显著差异。这与高华英研究结果基本一致，该研究发现，农村留守儿童与非留守儿童在父子沟通、母子沟通及总亲子沟通上均未表现出显著差异（高华英，2019）。这可能是因为，近年来政府、学校和社会加大了对农村留守儿童问题的宣传引导，使得农村留守儿童的家长越来越关注儿童的发展，重视与儿童的沟通，更多地借助电话、网络等通信工具，加强与儿童的联系，从而缩小了农村留守儿童与非留守儿童亲子沟通的差距。

(二)农村留守儿童亲子沟通的差异分析

本研究发现农村留守儿童在父子沟通问题上存在显著的性别差异，表现为男童的父子沟通问题得分显著高于女童。已有研究表明（陈秋香 等，2017；徐杰 等，2016；杨晓莉 等，2008），女孩由于生理和心理成熟相对较早，比男孩更善于表达、交往，沟通的开放性更好。与男孩相比，女孩会更多地与母亲讨论性、人际关系、家庭性别角色等方面的问题，话题内容也更广泛。与男孩相比，女孩也较顺从、乖巧、敏感，在与父母沟通时即使出现冲突也不会像男孩那样采用极端手段，而是更善于听取父母意见，能够较好地接受父母的教导，因而在与父母沟通时比男孩有优势。同时，中国家庭中传统的"慈母严父"角色，使得儿童更愿意与母亲而非父亲沟通。

小学高年级农村留守儿童的亲子沟通显著好于农村留守初中生，这与之前的研究发现亲子沟通呈 U 形曲线发展趋势的结果基本一致（张峰，2006；李瑾 等，2016）。例如，青春早期沟通的开放性显著高于青春中期（王丽娟 等，2009），青春早期亲子沟通好于青春晚期，青春中期亲子沟通问题最多（代金航，2013）。亲子沟通的这种发展变化，可以从青少年心理的整体发展特点得到解释。由于小学五、六年级学生独立性不够强，依然依赖父母，喜欢与父母沟通和分享，所以亲子之间能够进行更多开放的、自在的沟通。但进入青春期后，一方面个体自我意识和独立意识增强，他们会表现出与父母在情感、行为和观点上的疏远和对过度控制的反抗；另一方面许多父母也没有及时调整自己的教育方法，仍然对孩子进行过多的约束和控制，导致冲突频发，影响亲子沟通。

家庭结构对农村留守儿童的亲子沟通也会产生一定影响：完整家庭的亲子沟通状况要好于单亲家庭，沟通的开放性更好，存在的沟通问题更少。这就说明父母离异影响了亲子沟通的开放性，增加了亲子沟通的问题，这与以往的研究结果较为一致。例如，有研究发现，核心家庭比单亲家庭有较多的沟通，较少的冲突（王争艳 等，2002），离异家庭的父亲在亲子沟通上主动性明显不如非离异家庭的父亲，沟通内容也相对更为贫乏（张慧杰 等，2010）。亲子沟通是一个双向互动过程，尽管子女沟通的主动性会影响父母，但父母是发展相对更为成熟的个体，具备一定的言语能力、知识和技能，因此在亲子沟通过程中，父母还是更为重要、更为主动的一方，尤其是单亲家庭的父母更需要运用一定的技巧主动营造一个良好的亲子沟通环境，促进儿童发展。

本研究发现，高中及以上学历的父母亲子沟通好于初中及以下学历的父母。已有研究证实，受教育水平较高的父母与子女之间有更高的沟通频率（Tsai et al.，2013）和沟通质量。这可能是因为，父母受教育程度越高，越能认识到亲子沟通对儿童健康成长的重要性，越能更多运用解释、澄清及合理回应等方式进行亲子沟通，通过开放、直接、不带威胁性和防御性的方式表达自己的观点，也更倾向于使用能够预测孩子未来教育成就的反应性沟通方式，在沟通过程中更容易包容和理解孩子，接受孩子不一样的观点（代金航，2013；毕馨文 等，2018；陈敏丽 等，2012）。

（三）农村留守儿童亲子沟通与社会性发展关系分析

父子沟通开放性、母子沟通开放性与农村留守儿童社会性发展总分及各个维度均呈显著正相关，父子沟通问题、母子沟通问题与农村留守儿童社会性发展总分及各个维度均呈显著负相关。回归分析发现，父子沟通开放性和母子沟通开放性对儿童社会性发展具有显著的正向预测作用。作为微观环境系统的重要组成部分，亲子沟通是儿童社会性发展的重要影响因素。然而父母外出务工打破了原有稳定的家庭结构，使留守儿童的亲子沟通表现出与非留守儿童不同的特点（如长期间断性、远距离性、非面对面性和低频性等），就可能导致留守儿童出现各种社会性发展问题。

研究表明，亲子沟通对儿童的社会性发展具有重要的影响，特别是亲子沟通的开放性。建议农村留守儿童的父母以开放的态度与儿童沟通，更多鼓励儿童自由地表达自己的情感和想法，让儿童获得更多的机会建构与父母的亲密关系。民主开放的沟通氛围，既有助于儿童分析问题、解决问题能力的发展，也有助于儿童在愉快的心情中接受父母的各种教导。

五、结论

（1）农村留守儿童与非留守儿童在亲子沟通各维度上均不存在显著差异；男童与父亲的沟通中存在更多的问题；农村小学高年级留守儿童比初中生亲子沟通的开放性更好。（2）家庭结构变化会降低亲子沟通的开放性，增多亲子沟通的问题；父母的受教育程度越高，亲子沟通的质量越好。（3）亲子沟通开放性水平越高、沟通问题越少，儿童社会性发展水平越高；亲子沟通的开放性对儿童社会性发展具有显著的正向预测作用。

第五章　农村留守儿童的学校
环境与社会性发展

　　对大多数已经迈入学校的农村留守儿童来说，同伴是他们交往时间最多、互动最为频繁的对象，与同伴交往是他们社会化的重要途径之一。在经济水平较差、娱乐设施相对缺乏的农村，同伴群体活动成为留守儿童主要的生活方式。农村留守儿童可以在良好的同伴关系中增强学习能力与社交能力，更好地习得行为规范，部分满足他们对安全感和归属感的需求。

第一节　学校中的同伴关系

一、同伴关系

　　随着年龄的增长，生理、心理能力的增强，以及活动范围的扩大，儿童与成人接触的时间越来越少，与同伴一起游戏、活动和学习的时间越来越多。由此形成的同伴关系开始成为除父母和家庭之外，儿童社会性发展的另一个重要动因。

　　(一)同伴及同伴关系

　　儿童在发展过程中会形成不同性质的人际关系，包括与父母和教师的关系，以及与同龄人的关系。前者是儿童与那些比自己拥有更大权利、更高认知能力和更多知识经验的成人形成的一种垂直关系，是权威—服从型的关系；后者是儿童与和自己有相同社会权利、相似生理和心理发展状况的同伴形成的一种水平关系，具有更多自由、平等、互惠的特点。在社会化过程中水平关系比垂直关系对儿童的影响更强烈、更广泛（Hartup，1989）。

　　同伴是儿童社会的组成部分，同伴通常意味着同龄人，但对于青少年来说，同伴还可以是比他们年龄稍大或稍小一些的人。同伴经常一起上课学习、游戏玩耍，也会一起交谈聊天，彼此间发生着各种短暂的互动，但同伴之间没有强烈的责任感，也不强调相互间的喜欢和尊重。同伴关系指年龄相同或相近的儿童之间在共同活动和相互协作中建立的人际交往关系。在这种水平关系中，儿童以相似或相同的经验、认知、社会角色扮演为基础，使用双向的、平等的交流方式传递信息，交流情感，共同游戏。

(二)同伴关系的功能

人本主义心理学家马斯洛在需要层次理论中指出，归属和爱的需要、自尊需要都是个体的社会性需要，如果这些需要没有得到及时满足，个体便会停滞不前，最终难以获得自我实现。鲍尔比的依恋理论提出，个体的情绪障碍可能源于对某一对象情感依恋的阻碍，而个体的人际互动是一个动态的"内部工作模式"，这种模式会伴随新的依恋对象(如同伴)的出现不断获得调整，同伴的影响在青少年时期最为显著。沙利文(Sullivan)也特别强调同伴关系的重要性，他曾提出群体接纳和成功的友谊对健康的适应和发展都很重要：友谊的功能是相互验证或共享兴趣、希冀，分担恐惧，肯定自我价值，提供爱和亲密袒露的机会；如果不被同伴接纳将会形成焦虑或防御态度，不利于个体建立良好的自尊。群体社会发展理论指出，同伴关系在儿童的人际关系网络中起决定性作用，居于首要位置，儿童的社会化很大程度上是在同伴群体中发生的(叶子 等，1999)。生态系统模型认为，在环境变化的过渡时期(如早期亲子分离)，个体通过自我挑战和积极适应而获得发展，其心理适应和发展结果可能受个体特征与家庭、同伴等微观系统中各种交互作用的影响(Bronfenbrenner，1979；Bronfenbrenner et al. ，1998)。

同伴关系是儿童社会化的重要桥梁，儿童在与同伴交往的过程中获得的一系列社会技能、社会行为、态度及体验等，会进而影响他们的行为问题、社会性和情感发展，在他们的健康成长过程中扮演着十分特殊而又重要的角色(窦芬 等，2018；吴庆兴 等，2014)。

第一，同伴关系有利于儿童形成良好的社交技能和社会行为。同伴关系使儿童能够广泛接触各种社交场合，学习接纳很多具有不同价值观和背景的人，预示着个体成年阶段的人际关系和社会交往能力。儿童只有通过与其他儿童建立平等关系，才能在不断的互动中逐渐学会采择同伴的观点，发展观点采择能力，掌握有效的交往技能，并通过遵守群体行为规范来加速发展获得社会认可的行为，最终形成社会适应的道德观念和道德行为。

第二，同伴关系能够促进儿童情绪的社会化，维护儿童情绪和心理健康。在不同的同伴群体中儿童可以获得不同社会需求的满足：一般的同伴群体关系可以让儿童产生归属感或接纳感，友谊关系可以让儿童获得爱、亲密和可信赖的感受。这两种关系都能够为儿童提供工具性或指导性的帮助、抚慰、陪伴，增进儿童自我价值感(Furman et al.，1992)。无论是横向还是纵向追踪研究都发现，同伴拒绝会增多儿童的外化问题和内化问题，也就是说，同伴拒绝是儿童学校生活中失败和挫折的重要来源，构成了一种环境的压力源或危险因素，是导致青少年情绪及社会化问题的主要诱因。

第三，同伴交往有利于儿童自我和人格的发展。儿童在与他人的相互作用中，常常需要根据已有的交往经验，通过社会比较来确立自我。特别在进入青春期后，个体对自我、对社会开始产生更多的不确定感，同伴关系更是成为青少年确立自我角色和自我价值、寻找自我同一性的重要参照系统。青少年观察并评价周围的同伴，同时用这一标准来衡量、比较和评价自己。这种社会比较在自尊的形成上发挥着重要作用，使个体产生较高或较低的自尊水平。

二、友谊

同伴关系主要可分为两种：友谊和同伴群体关系。这两种关系在儿童的心理和行为发展中起到不同的作用。

(一)友谊与同伴群体关系

友谊是两个个体之间形成的一种相互作用、较为持久和稳定的双向关系。和普通同伴关系不同的是，友谊以相互信任、相互喜爱为基础，以亲密性为情感特征，是一种特殊的同伴关系。在这种亲密关系中，儿童之间经常表现出互惠行为，如分享秘密、相互支持。友谊不仅帮助儿童提高社会技能，还为儿童提供社会支持，对儿童的社会化具有重要意义。

与友谊这种一对一的关系不同，同伴群体关系是一起活动或交往的一群同伴之间形成的较为稳定的群体关系。同伴群体通常都有明确的界限、结构特征和社交组织，各个成员在群体中具有不同的角色和地位，在遵守群体活动规则的基础上彼此影响、共同活动，具有一定的凝聚力。同伴群体关系给儿童提供了探索各种人际关系类型的机会，促进了他们社会能力的发展。

可见，友谊和同伴群体关系在某种程度上是独立的两种同伴关系。有的儿童可能会被同学排斥或忽视，但拥有至少一个朋友，而有的儿童尽管被大部分同学接纳，但却没有一个朋友(Parker et al.，1993)。

(二)青春期的友谊

进入青春期后，个体活动范围更大，更可能接触到其他年龄、其他生活区域的同伴，同伴关系也开始变得更加复杂，对个体发展的影响和作用也更加明显。儿童期的个体还比较依恋父母，而进入青春期的个体与父母的接触减少，开始越来越多地依恋同伴，甚至与个别同伴形成友谊。

建立和发展友谊关系是青春期的一个重要任务。青少年会逐渐放弃团伙式的交往方式，缩小交往范围，逐渐稳定地与少数朋友交往，同伴关系主要体现为更高级的友谊关系。青少年更重视与朋友之间的情感联系，希望从亲密的友谊关系中得到理解和情感支持。小学中低年级，朋友基本上还是住得近、有新颖玩具、喜欢与自己一起玩、有共同游戏兴趣的同伴，尚未建立起以相互信任为基础的长久关系。小学高年级后，个体与朋友不但能够更多地合作，互相帮助、支持，更强调彼此的情感联系和相互了解，而且还会拥有相似的态度和价值观。

第二节 农村留守儿童同伴关系与社会性
发展关系的文献分析

一、农村留守儿童同伴关系的发展背景分析

随着中国社会经济的快速发展和城市化进程的加剧，越来越多的农村儿童被留给长辈、亲戚抚养和教育。尽管父母外出打工可使家庭经济状况得到改善，为儿童提供更好的物质条件，但也使正处于成长发育关键时期的他们在没有做好准备或没有"缓冲"的情况下，提前从父母身边"独立"出来。长期分离导致的非面对面交往、低频互动不仅会降低教育和监督的质量，减少父母的支持和指导，而且增加了情感忽视和情感剥夺的风险，进而损害留守儿童的心理安全感(Ding et al.，2014；Graham et al.，2011)。这种损害可以理解为累积的、缓慢的、长期的与人际关系有关的创伤事件(Shi et al.，2016)。当留守儿童遇到烦恼与困惑时，他们的情绪往往无法及时得到排解。照料者对留守儿童的心理健康问题通常关注不够、介入较少，导致儿童出现抑郁、焦虑、孤独、社交退缩等情绪和行为问题(Chen et al.，2017；Wen et al.，2012)。

在上述背景下，同伴就可能成为农村留守儿童满足社会交往需要，获得支持和安全感，实现积极发展的重要源泉(Wen et al.，2012)。相比其他儿童，缺乏同伴、没有朋友的留守儿童更易出现孤僻、退缩、冷漠、压抑或其他心理障碍(Ding et al.，2014)，甚至产生厌学、弃学现象。

二、农村留守儿童的同伴关系现状研究

(一)农村留守儿童和非留守儿童的同伴关系比较

在留守儿童和非留守儿童同伴交往状况的对比分析中，不少研究者发现两者之间存在显著差异。例如，黄月胜等(2019)采用同伴提名法及班级戏剧量表、自编个人信息调查表，考查了257名留守儿童与330名非留守儿童亲子分离、社交淡漠与同伴接纳的关系，发现小学阶段农村留守儿童的同伴接纳得分

显著低于非留守儿童。张艳等(2013a)在采用团体箱庭法促进留守儿童同伴关系发展的研究中,也发现留守儿童的同伴接受度明显低于非留守儿童。还有学者对 6 所普通中学学生进行的研究同样表明,留守中学生比非留守中学生同伴关系更差,他们受到同伴的尊重和接纳更少,更易受到忽视(罗晓路 等,2015)。当问及他们在学校是否遇到被欺负的行为时,留守儿童和非留守儿童在被欺负的频率上有显著差异。还有研究显示,留守儿童的同伴依恋显著低于非留守儿童(王东方 等,2019;周舟 等,2019)。在留守儿童同伴交往存在的问题方面,邱玲丽等(2019)以随机抽样的方法在农村地区选取 860 名学龄期留守儿童和 190 名学龄期非留守儿童,进行了同伴交往能力调查及影响因素分析,他们的研究发现留守组同伴交往能力障碍检出率显著高于非留守组,说明留守儿童的同伴交往现状不容乐观。孙晓军等(2010)以小学四、五、六年级共 826 名儿童为研究对象,发现留守儿童的同伴关系中表现出更多的友谊冲突和背叛。

但也有研究者获得了不一样的结果。郝程程等(2013)采用青少年自评量表和同伴提名法对 134 名留守儿童和 189 名非留守儿童进行调查,发现留守儿童和非留守儿童的同伴接受性差异并不显著。他们认为,这说明"留守"因素并未对儿童的同伴接受性产生直接影响。这可能是因为留守儿童的许多同伴面临同样留守的生存状态,同伴间的社会支持在很大程度上发挥了补偿亲情缺失的作用。因此需要辩证看待"留守"身份对儿童社会交往能力发展起到的作用。

(二)农村留守儿童同伴关系的差异分析

研究发现,留守儿童的同伴交往存在一定的性别和年级差异。杨圆圆等(2012)的研究结果发现,留守女童的同伴依恋显著高于留守男童。彭文波等(2018)采用自我描述问卷对 774 名四至九年级农村留守儿童开展的调查研究结果显示,留守女童的异性关系比留守男童更积极。这些研究都说明,留守女童的同伴关系要好于留守男童,她们形成了相对更为积极、稳定的同伴关系。

周舟等(2019)对农村小学生进行的问卷调查发现,留守儿童的同伴依恋存在显著的年级差异,其中四年级是转折期,四年级之后同伴信任、同伴沟通水平都在不断增加,同伴疏离水平则逐渐降低。针对农村留守儿童同伴关系特征进行的研究发现,留守儿童的同伴关系在六年级呈现不同的变化:异性关系在六年级处于最高点,此后的相处水平维持不变;同性关系在六年级处于最低点,此后相处水平呈逐渐走高趋势(彭文波 等,2018)。邱玲丽等(2019)的研究表明,留守组儿童年级越低其同伴交往能力障碍的检出率越高,在人际交往过程中存在的交往回避现象、害怕否定评价的情况随年级增高显著减少。这些结果提示留守儿童的同伴交往状况、同伴交往能力在进入青春期后会有较为明显的改善。

(三)农村留守儿童同伴关系的影响因素研究

在探讨影响农村留守儿童同伴关系的因素时，现有研究主要从家庭环境和儿童自身方面，分析影响的方向及内在机制。

在探讨家庭环境因素对同伴交往的影响时，主要照料者、父母外出打工时间、与父母联系频率等，常常是研究者考虑的问题。例如，研究发现(邱玲丽等，2019；黄月胜 等，2019)，主要照料者、父母外出打工时间是学龄期留守儿童同伴交往障碍的相关因素。主要照料者为父母一方的儿童同伴交往障碍检出率显著低于主要照料者为祖父母或其他亲属的儿童。父母外出打工时间或亲子分离时间越长，儿童同伴交往方面存在的问题越多，同伴接纳越低。彭文波等(2018)的研究显示，与父母联系频率更高的留守儿童同伴关系更好。这些研究都说明，父母是否在身边、父母与儿童的相处状况等"人"的因素会显著影响农村留守儿童与同伴的交往能力和交往质量。此外，家庭环境中"物"的因素对儿童发展、儿童交往发挥的作用也不容忽视。罗晓路等(2015)的研究结果发现：父母受教育程度，特别是母亲受教育程度和家庭月收入对留守儿童的同伴关系有一定预测作用，母亲受教育程度显著预测同伴尊重、同伴接纳，家庭月收入可以显著预测同伴接纳和同伴忽视。这样的研究结果说明，家庭环境和经济条件较差的儿童更容易存在悲观、敌意、低自尊、退缩和攻击等情绪和行为问题。改善留守儿童的家庭环境和经济条件，可能是解决留守儿童不良同伴关系的有效途径。

还有研究者关注农村留守儿童自身因素在同伴交往中发挥的直接或间接作用。彭文波等(2018)的研究显示，独生和非独生留守儿童的同伴关系不存在显著差异。还有研究者把目光转向留守儿童的社会认知能力。例如，郑俊英等(2010)的研究发现，农村留守儿童的二级错误信念理解能力可以显著地预测他们的社会选择力，预测群体成员对他们接纳或排斥的态度，不同同伴接纳类型的农村留守儿童在二级错误信念理解能力的发展水平上表现出显著差异。当儿童能更好地理解他人的想法、意图和情绪等心理状态时，他们就会具备更高水平的社会认知技能，采取更加有利于交往的言行举止，得到同伴更多的喜欢和接纳。黄月胜等(2019)的研究则进一步分析了影响同伴关系的内在机制和作用途径，他们发现，社交淡漠在亲子分离时间对同伴接纳的影响中起部分中介作用，教育工作者可从干预社交淡漠行为入手来促进农村留守儿童良好的社会性发展。

此外，张艳等(2013b)研究表明，适当的教育干预对改善留守儿童同伴关系有一定效果。他们通过一段时间的团体箱庭心理干预后发现，干预前同伴关系较差的留守儿童其内心世界比较封闭，不喜欢与同伴交流、沟通与合作，且具有很强的攻击性，多次干预后变得乐观开朗，愿意表达、分享和合作，他们的同伴接纳得分显著高于干预前，交往恐惧自卑得分显著低于干预前。

三、农村留守儿童同伴关系与社会性发展关系的研究

农村留守儿童的同伴关系是其人际关系中的重要组成部分，也是儿童在亲子关系缺失情况下重要的社会化桥梁，对他们社会性和情感发展会产生重要影响。

(一)农村留守儿童同伴关系与情绪和行为问题的关系

不少研究聚焦于留守儿童的同伴关系与其情绪和行为问题、社会适应和心理健康的关系。例如，杨圆圆等(2012)对 327 名西南地区留守儿童施测父母同伴依恋问卷中的同伴依恋分问卷和中国中学生心理健康量表，结果表明留守儿童的同伴信任、同伴沟通、同伴依恋与心理健康水平呈显著正相关，其中同伴信任显著正向预测留守儿童的心理健康水平，同伴疏远与心理健康水平呈显著负相关。王东方等(2019)也分析了留守儿童同伴依恋水平和精神病性体验的关系。他们发现儿童的阳性症状和抑郁情绪等精神病性体验与他们的同伴依恋呈现显著负相关，低水平同伴依恋的个体可能经历更多的精神病性体验，提高同伴依恋水平可以降低低水平心理弹性带来的精神病性体验风险。还有研究分析了留守儿童同伴接纳、友谊质量与留守儿童孤独感的关系(宋静静 等，2017；许秀芬 等，2019)，发现农村留守儿童孤独感与同伴接纳呈显著负相关，同伴接纳能够显著负向预测留守儿童孤独感，正向预测自尊，同时尽管良好的亲子关系和同伴接纳都能够降低留守儿童的孤独感，但是同伴接纳对孤独感的独特效应大于亲子亲合的作用。赵景欣等(2013)在同伴关系的背景下探讨了亲子亲合与个体逆境信念对儿童攻击、学业违纪与孤独感的作用，发现同伴拒绝能显著增加农村留守儿童的攻击、学业违纪与孤独感，同伴接纳则显著降低儿童的攻击、学业违纪与孤独感。这些研究说明，良好的同伴接纳是留守儿童心理健康成长和适应社会的重要因素。在父母对青少年发展作用降低的青少年时期，同伴关系的重要性相对更强，在对留守儿童的心理健康教育工作中，教育工作者更应该关注同伴友谊的培养。

有关同伴拒绝带来的负面影响说明，不被同伴接纳似乎更容易成为农村留守儿童心理适应问题产生的危险因素(Ladd et al.，2001；Kraatz-Keily et al.，2000；万晶晶 等，2005；Wentzel，2003；孙晓军 等，2010；赵景欣 等，2013)。古伦等的观点或许可以解释这一现象，他认为儿童被同伴拒绝的经历和体验会启动消极的社会交往行为与消极认知的链条效应，阻碍他们的成功发展，使这些儿童更有可能表现出一些内化和外化问题(Gooren et al.，2011)。

(二)农村留守儿童同伴关系与社会性发展之间的内在机制分析

在同伴关系与儿童发展结果的关系研究中，还有研究者进一步探讨了其中

可能存在的路径。例如，赵景欣等(2013)的研究分析了亲子关系、逆境信念的调节作用。他们的研究表明，父子亲合、母子亲合与逆境信念均能调节同伴拒绝、同伴接纳与儿童各类问题之间的关系：高水平的父子亲合、母子亲合及个体关于逆境的积极信念，能够显著减弱同伴拒绝对各类适应问题的消极影响，增强同伴接纳的积极影响。同时，上述各变量之间的关系在农村留守儿童与非留守儿童之间存在差异，即亲子亲合对同伴拒绝与儿童攻击、学业违纪之间关系的调节效应在双亲外出的留守儿童与非留守儿童群体中存在差异：高亲合条件下，同伴拒绝与非留守儿童的攻击、学业违纪之间存在显著关联，但是在双亲外出的留守儿童中，这些关联不再显著。亲子亲合还能够调节同伴接纳与儿童孤独感之间的关系：在低亲合条件下，同伴接纳能够显著降低儿童的孤独感，但是二者在高亲合条件下不再存在关联。宋静静等(2017)的研究结果显示，留守儿童的自尊得分在同伴接纳与孤独感之间的关系中起到部分中介作用。这样的研究结果说明，在实际分析同伴关系对儿童心理和行为发展的影响时，必须考虑亲子关系、个体认知和情绪的不同水平及儿童具体的留守情况。

　　不少理论认为，留守儿童即使身处不利环境也仍有机会保持正常的发展，有时甚至会超出非留守儿童的发展水平，关键在于个体是否拥有应对危险或不利处境的保护因素(Luthar et al.，2000)。因此，研究者把同伴关系作为中介或调节变量，探讨了留守儿童可能形成的应对父母长期不在身边及其他危险因素的保护机制。金灿灿等(2012)使用问卷法对4 279名农村流动、留守和非留守儿童的亲子、师生和同伴关系，社会负性环境，以及问题行为的调查发现，同伴关系可以调节社会负性环境对留守和非留守儿童问题行为的预测作用，良好的同伴关系能够缓冲和减弱社会负性环境引起的问题行为，而消极同伴关系也可以与环境的负面效应相叠加，导致儿童行为问题进一步恶化。王东方等(2019)的研究表明，同伴依恋在心理弹性对留守儿童精神病性体验发生频率和痛苦程度的影响中，具有显著的调节作用：相对低水平的同伴依恋，高水平同伴依恋(如获得更多的同伴关怀和接纳)，可以更好地促进留守儿童调节自我，削弱留守经历给留守儿童带来的不良影响，增强儿童对负性生活事件，甚至是创伤性事件的适应调整能力，从而提高儿童情绪调控和社会认知能力，提高心理弹性的积极影响，缓冲儿童处于危险环境时的消极结果，减少儿童精神病性体验的出现。也就是说，随着同伴依恋水平的提高，心理弹性对精神病性体验的负向主效应会相应减弱。许秀芬等(2019)在分析农村留守儿童孤独感现状及其与亲子依恋和同伴接纳的关系时也发现，同伴接纳在农村留守儿童亲子依恋与孤独感之间起着显著的中介作用：亲子依恋影响农村留守儿童的孤独感，部分是通过同伴接纳的中介作用实现的。因此，改善农村留守儿童的同伴关系，可以在一定程度上预防和降低负性环境给他们带来的各种发展风险。

第三节　农村留守儿童友谊质量与社会性
发展关系的实证研究

一、问题提出

儿童的同伴关系既有较为松散的"大群体"和成员数量较少、内聚力较强的"小群体",也有与个别朋友之间形成的友谊。作为一种特殊的同伴关系,友谊是以相互信任、相互喜爱为基础,以亲密性为情感特征建立起来的较为持久和稳定的双向关系。相对于同伴接纳,友谊是两个个体之间的关系,具有自愿、双向、亲密、信任、持久和稳固的特点。

建立和发展友谊关系是青春期的一个重要发展任务。青少年与父母的接触逐渐减少,同伴对青少年发展的影响和作用越来越明显,他们开始越来越多地依恋朋友。良好的友谊有助于儿童提高社会技能,获得归属感和社会支持,克服孤独感,建立亲密关系,对儿童的社会化具有重要意义。研究表明,友谊质量在女生的关系攻击和孤独感中起到完全中介作用(魏华等,2011),在人格与儿童孤独感之间起中介作用(张永欣 等,2016),朋友的陪伴和支持可以帮助处于社会孤立的儿童避免产生孤独感及抑郁情绪(Laursen et al.,2007)。可见,友谊是儿童健康成长中重要的保护因素,能够为儿童提供学习社交技能的机会,提高儿童自我概念和自尊水平,以及提供情感支持和安全感。

人际关系理论和社会支持理论指出,在不利处境下,友谊在个体发展中发挥着重要的作用。当某些重要他人(如父母)的关爱缺失时,朋友作为重要他人会弥补这一缺失。友谊是社会支持的重要来源,特别是对那些长期处于缺少父母关爱、缺乏教育指导等不利处境中的留守儿童来说情况更是如此。

一些研究探讨了留守儿童友谊质量的特点及其影响因素。张永欣等(2016)在考查小学留守儿童孤独感和人格、友谊质量三者关系的研究中发现,留守儿童的友谊质量有显著的性别和年级差异:四年级儿童友谊质量最低,五年级和六年级儿童的友谊质量差异不显著;男生的友谊质量显著低于女生。赵莲等(2013)探讨不同照料状况的留守儿童在孤独感、友谊质量方面的差异,研究结果表明,留守儿童的友谊质量和照料状况密切相关,与照料者关系良好的留守儿童,其友谊质量的信任与支持得分明显更高。还有更多研究分析了友谊质量对留守儿童发展的影响。例如,友谊质量的积极维度能显著正向预测农村留守儿童的社会适应,消极维度发挥显著的负向预测功能(彭美,2020)。王晓丽等(2011)的研究表明,友谊质量能负向预测留守儿童的孤独、抑郁等消极情绪,其预测作用随儿童留守时间、学段的差异而发生变化。张永欣等

(2016)的研究还发现，友谊质量能够显著预测孤独感，友谊质量在部分人格维度与孤独感之间起中介作用。这些研究结果充分说明，友谊质量能缓和留守不利处境对儿童发展的消极影响，是维护留守儿童心理健康的一个保护性因素。

从现有农村留守儿童友谊质量的研究可以看出，尽管有部分研究者关注了友谊在农村留守儿童发展中的替代性功能，但对这种作用的研究仍较多停留在对留守儿童孤独、抑郁等消极情绪方面的探讨，缺乏对儿童整体发展，特别是社会性发展的影响的研究。本研究拟通过对农村留守儿童友谊关系特点，友谊关系与儿童社会性发展之间的关系分析，了解农村留守儿童社会性发展的同伴保护因素及其内在的作用机制。

二、研究方法

(一)被试的选择
被试选择详见第二章第二节研究方法介绍中的"被试的选择"。

(二)研究工具
自编的村儿童社会性发展问卷。
友谊质量问卷。具体信息参见第二章第四节。

三、结果与分析

(一)农村留守儿童友谊质量的现状分析
对 1 789 名农村留守儿童的友谊质量数据进行人口学变量分析，并与892 名非留守儿童的友谊质量进行比较，发现存在显著的年级、性别、家庭结构和留守状况的差异。独生和非独生留守儿童不存在显著差异，结果见表 5-1。

表 5-1　农村留守儿童友谊质量现状分析表

		积极友谊	消极友谊	友谊质量总分
总体水平($M\pm SD$)		4.01 ± 0.77	2.39 ± 1.05	3.80 ± 0.66
性别	男($n=922$)	3.94 ± 0.78	2.42 ± 1.04	3.76 ± 0.66
	女($n=867$)	4.09 ± 0.75	2.37 ± 1.07	3.86 ± 0.67
	t	-4.12^{***}	0.95	-3.13^{**}
年级	五($n=452$)	3.97 ± 0.74	2.25 ± 1.02	3.85 ± 0.65
	六($n=538$)	4.10 ± 0.82	2.27 ± 1.10	3.91 ± 0.73
	七($n=239$)	3.95 ± 0.75	2.50 ± 1.07	3.72 ± 0.67
	八($n=383$)	3.96 ± 0.81	2.55 ± 1.03	3.70 ± 0.63
	九($n=332$)	4.07 ± 0.68	2.47 ± 1.03	3.79 ± 0.59

续表

		积极友谊	消极友谊	友谊质量总分
F		3.01* (六>五，七，八)	6.47*** (五，六< 七，八，九)	6.44*** (五>七，八； 六>七，八，九； 九>八)
独生 子女	独生($n=559$)	4.01±0.74	2.45±1.07	3.77±0.65
	非独生($n=1\,230$)	4.03±0.75	2.36±1.05	3.83±0.66
	t	−0.41	1.32	−1.29
家庭 结构	完整($n=1\,536$)	4.03±0.75	2.36±1.04	3.83±0.65
	单亲($n=253$)	3.90±0.81	2.58±1.08	3.66±0.71
	t	2.46*	−2.82**	3.68**
留守 状况	非留守($n=892$)	4.08±0.73	2.34±1.05	3.86±0.64
	留守($n=1\,789$)	4.01±0.77	2.39±1.05	3.80±0.66
	t	2.20*	−1.16	2.19*

注：* $p<0.05$，** $p<0.01$，*** $p<0.001$。

其中，性别差异方面，留守男童的友谊质量显著差于留守女童，特别表现在男童的积极友谊质量更差。年级差异方面，整体来看小学留守儿童的友谊质量要高于初中生，小学留守儿童积极友谊水平更高、消极友谊水平较低。单亲留守儿童的友谊质量也比完整留守儿童更差，表现在积极友谊更低、消极友谊更高。从留守状况来看，非留守儿童的友谊质量更好，特别表现在他们的积极友谊水平更高。

(二)农村留守儿童友谊质量与社会性发展的相关和回归分析

在控制了性别、年级等人口学变量因素后，对农村留守儿童友谊质量与社会性发展进行相关分析，结果见表 5-2。

表 5-2　农村留守儿童友谊质量与社会性发展的偏相关

	社会道德	社会态度	社会情感	社会行为	社会交往	社会性发展
积极友谊	0.32***	0.39***	0.43***	0.41***	0.49***	0.53***
消极友谊	−0.07***	−0.10***	0.07**	−0.06**	−0.04	−0.08***
友谊质量总分	0.24***	0.31***	0.31***	0.28***	0.31	0.37***

注：* $p<0.05$，** $p<0.01$，*** $p<0.001$。

　　表5-2显示，除社会交往外，农村留守儿童的友谊质量与社会性发展的总分和其他维度均存在显著正相关，积极友谊质量与所有维度都呈现显著正相关，消极友谊质量则与大多数社会性发展维度呈显著负相关，但相关程度不高。

　　采用输入法，对农村留守儿童友谊质量和社会性发展的关系做回归分析，结果见表5-3。

表5-3　农村留守儿童友谊质量对社会性发展的回归分析

因变量	预测变量	R	ΔR^2	β	t	F
社会性发展	积极友谊	0.54	0.29	0.47	23.39***	542.74***
	友谊质量总分			0.09	4.58***	

注：* $p < 0.05$，** $p < 0.01$，*** $p < 0.001$。

　　由表5-3可见，积极友谊、友谊质量总分对农村留守儿童的社会性发展水平起到非常显著的正向预测作用。

(三)性别在积极友谊和留守儿童社会性发展之间的调节作用分析

　　从上面的回归分析可见，尽管积极友谊、友谊质量总分都能对农村留守儿童的社会性发展水平发挥一定的预测作用，但是友谊质量总分的预测力相对较弱。因此，按照温忠麟等(2014)的检验方法，采用分层回归分析法，以农村留守儿童社会性发展为因变量，以积极友谊、性别和是否独生作为第一层变量，以积极友谊与性别、积极友谊与是否独生之间的二项交互项为第二层变量，共同纳入回归方程(采用Enter法进入)。为了避免多重共线性，对积极友谊进行中心化处理，对性别和是否独生进行虚拟编码("0"代表男/独生子女，"1"代表女/非独生子女)。结果表明(表5-4)，性别对积极友谊与留守儿童社会性发展之间的关系具有显著调节作用，友谊质量和是否独生的二项交互项不能显著预测留守儿童的社会性发展。为了更直观地了解性别在积极友谊与留守儿童社会性发展之间的调节效应，可以参见性别与积极友谊的交互效应图(图5-1)。利用结构方程模型进行跨组比较来验证性别的调节效应，结果显示差异显著，证明了性别确实有显著的调节效应。

表5-4　交互作用项对农村留守儿童社会性发展的预测

项目	B	β	ΔR^2	ΔF
Step1			0.267	212.29
积极友谊 D	0.372	0.516***		
性别 E	−0.003	−0.002		

续表

项目	B	β	ΔR^2	ΔF
独生 F	−0.022	−0.022		
Step2			0.003	3.41
D×E	−0.071	−0.317**		
D×F	−0.020	−0.099		

注：* $p<0.05$，** $p<0.01$，*** $p<0.001$。

为进一步了解性别在农村留守儿童积极友谊与社会性发展关系中的调节作用，将积极友谊得分取高值（高于均值一个标准差）和低值（低于均值一个标准差）进行简单斜率检验。结果显示，对于留守男童而言，积极友谊得分能够显著预测留守儿童社会性发展得分（simple slope＝1.6378，$t=12.8392$，$p<0.001$），在留守女童中，积极友谊得分也能够显著预测社会性发展得分（simple slope＝2.2313，$t=15.5747$，$p<0.001$），且预测力相对较低，说明留守男童较留守女童的积极友谊得分越高时，越易对其社会性发展进行预测（见图 5-1）。

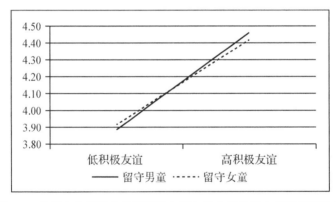

图 5-1 性别在农村留守儿童积极友谊与社会性发展之间的调节作用

四、讨论

（一）农村留守儿童友谊质量的现状

研究发现，农村留守儿童的友谊质量存在显著的年级、性别、家庭结构和留守状况的差异。其中，性别差异方面，留守男童的友谊质量显著差于留守女童，特别表现在留守男童的积极友谊质量更差。与留守女童相比，留守男童在帮助与指导、肯定与关心、亲密坦露与交流、陪伴与娱乐、冲突解决策略等方面的能力和表现明显更低。这可能是因为，男孩相对更加追求独立自主，更不善于表达情感和关心他人，对朋友间交流情感、互帮互助、陪伴安慰、分享秘密和建立亲密关系的需求不如女孩那么强烈。女孩相对较为感性，比男孩更善于建立各种社会关系，更容易获得友谊，也更可能拥有积极的亲密关系。邹泓等(1998)的研究证实了这一点，女孩在帮助和支持、肯定价值和亲密交流等方面的得分均高于男孩。

年级差异方面，整体来看小学留守儿童的友谊质量要高于留守初中生，其积极友谊水平较高、消极友谊水平较低。虽然年幼儿童也会被同伴吸引，但随着时间流逝，他们对朋友和友谊的理解也会发生一些变化(Selman，1980)。与小学儿童相比，青春期前后的个体开始建立真正的友谊关系，能够认识到朋友之间需要同甘共苦、互相信任、彼此忠诚，能越来越多地发挥帮助、安抚、陪伴和肯定的作用，但他们面临的不确定性和动荡性更强，对人际关系的变化更加敏感，对亲密朋友的要求和希望也更高，表现出一定的占有欲、排他性和自我中心性，容易发生冲突且难以在短时间内妥善处理，因此友谊质量反而有所下降。

从家庭结构和留守状况来看，单亲家庭留守儿童的友谊质量比完整家庭留守儿童的更差，表现在积极友谊更低、消极友谊更高；非留守儿童的友谊质量更好，特别表现在他们的积极友谊水平更高，这和之前的理论观点和已有研究结果较为一致。从依恋理论的视角来看(高琨 等，2001)，绝大多数处境不利儿童的依恋属于反抗型，这种类型的依恋会导致个体形成有关自己和他人的消极认知定势：自己不讨人喜欢，他人不值得信任并且会对自己不利。同时，这类儿童的人际敏感性通常较差，缺乏准确识别他人情绪的能力，也不能准确描述引发特定情绪的社会或人际原因。对自己和他人的消极评价和糟糕的社会情绪能力会妨碍儿童与他人建立、维持友谊关系。罗晓路等(2015)的研究发现，与非留守儿童相比，留守儿童同伴关系更差，受到同伴的尊重和接纳更少，更易受到忽视。因此，尽管缺少亲情关爱的留守儿童更需要友谊友情，需要来自同伴的帮助和指导、陪伴和支持、关心和尊重，但是消极的认知图式和糟糕的交往技能，使他们更不容易获得和建立亲密关系。

(二)农村留守儿童友谊质量与社会性发展的关系

作为一种特殊的同伴关系，友谊为个体提供了强有力的情感支持，能够帮助个体更好地认识自我，对于个体的社会性发展至关重要。本研究发现，友谊质量特别是积极友谊对农村留守儿童的社会性发展水平起到非常显著的正向预测作用。这说明，当农村留守儿童的家庭教育功能有一定缺失时，友谊质量作为儿童重要的支持资源，对儿童的日常学习、生活及情绪情感有较大影响，因此，要特别注意友谊质量对留守儿童产生的重要代偿性作用。受青春期的影响，个体对友谊的需要比其他任何年龄阶段都更加强烈。如果一个留守儿童能够有一个或几个可以相互倾诉、相互支持的知心朋友,学习上相互帮助、相互促进,生活中分享喜悦、愤怒和低落情绪,在面临困难时可以从朋友那里获得陪伴、安抚和支持,那么这个儿童必然能够拥有更强的自尊、自信和心理安全感,以更积极的态度和行为对待他人及周围环境。赵景欣(2013)研究发现,无论是农村留守儿童还是非留守儿童,同伴拒绝、同伴接纳对各类心理适应问题都具有直接预测作用。

性别在留守儿童积极友谊与社会性发展关系中的调节作用说明,留守男童较留守女童的积极友谊得分越高时,越易对其社会性发展进行预测。教育工作者和家长需要重视积极友谊在促进留守男童社会性发展中的作用,帮助他们形成高水平的交往技能,建立高质量的友谊关系。

五、结论

(1)留守男童的友谊质量显著差于留守女童,特别表现在留守男童的积极友谊质量更差;小学留守儿童的友谊质量要高于留守初中生,其积极友谊水平更高、消极友谊水平较低。(2)单亲家庭留守儿童的友谊质量显著低于完整家庭留守儿童,非留守儿童的友谊质量显著高于留守儿童。(3)除社会交往外,农村留守儿童的友谊质量与社会性发展的总分和其他维度均存在显著正相关;积极友谊、友谊质量总分对农村留守儿童的社会性发展水平起到非常显著的正向预测作用。(4)性别对积极友谊与留守儿童社会性发展之间的关系具有显著调节作用,留守男童和女童的积极友谊都能显著预测社会性发展得分,但女童积极友谊的预测力相对较低。

第六章 与农村留守儿童发展风险和保护因素有关的教育对策

　　农村留守儿童的发展困境是社会建设中面临的重要问题，研究者一直在努力探索如何更好地为农村留守儿童构建成长风险的预警机制，提供及时有效的干预服务。但留守儿童的发展问题是一项复杂的系统工程，任何一个组织或团体的单项行动都难以完成这个任务，只有客观、科学地认识留守儿童群体，厘清留守儿童发展困境产生的机制和根源，推动社会、学校、家庭多方通力合作，共同发挥作用，才能抑制风险因素的不良影响，发挥保护因素的积极作用，为留守儿童的发展创造更美好的明天。

第一节 筑牢家庭防线，营造农村留守儿童成长的良好氛围

　　农村留守儿童正处在心理成长的关键时期，自控能力有限，加之长期与父母一方或双方分离，不仅在生活上无法享受父母的关爱与保护，而且在思想认识及价值观念上也缺少来自成人的有效引导和支持，容易面临更多的社会性发展问题。解决农村留守儿童社会性发展问题，必须发挥好家庭监护的主体作用。

一、确保农村留守儿童得到有效的家庭监护

　　父母在儿童社会性发展过程中具有重要意义。儿童在成长阶段与父母形成的亲密情感联结和良好亲子关系可以给予儿童支持、鼓励和帮助，使其更好地探索外部事物，是儿童人格发展和建立人际关系的原动力。

长期的分离和情感剥夺导致农村留守儿童丧失了建立亲子依恋的机会。父母不在家，并不代表父母监督和保护责任的"离开"，他们依然是维护儿童健康成长的第一责任人。梁静等（2007）调查发现，父母双方外出打工家庭的家庭功能显著低于单亲外出打工的家庭，而留守儿童家庭的家庭功能显著低于非留守儿童家庭。无论是委托给亲戚朋友照顾，还是由爷爷奶奶、外公外婆看护，儿童都很容易因为寄人篱下而形成敏感、自卑、内向的性格。年迈祖辈疏于管教或无力关心留守儿童，将不利于儿童的成长。因此，双亲外出打工时，父母需要协调好外出务工与子女教育的关系，让孩子得到妥善安置。

第一，周密考虑、谨慎选择照料者，帮助留守儿童与照料者形成良好的次级依恋。在寻找和确立留守儿童的照料者时，父母不但需要考虑年龄、体能、精力等基本的照料能力，而且需要考虑性格特点、责任感和教育意识，把具备爱心、耐心、责任心和一定教育能力等品质作为选择照料者的重要指标。只有经过这样慎重抉择产生的照料者，才可能有效替代父母管理留守儿童的生活和学习，营造良好家庭氛围，提供关心、帮助和指导，积极回应留守儿童的合理需求，敏感捕捉他们的行为变化，提供必要的情感支持和教育帮助，使儿童获得被关注、被爱护、被理解和被接纳的感受，帮助儿童建立对他人的信任并产生对自我价值的认同，发展出健康的自我意识，形成安全感、归属感，继而与照料者建立起相互信赖的次级依恋关系，相对缓解父母不在身边的孤独、紧张和无助，持续激活儿童积极主动探索外部世界的行为。

第二，加强留守儿童与老师、照料者的间接联系。选定照料者后，父母既要充分信任、支持他们教育孩子，也要注意不过度依赖他们完成对孩子的教育职责。如果照料者为爷爷奶奶或外公外婆，更容易出现简单粗暴的打骂教育或是溺爱、放纵式教育，如果照料者为亲属，容易出现只关注吃饱穿暖、忽视儿童精神需求的教育。无论哪种情况，照料者都无法对留守儿童的学习、生活进行全方位的有效管理，他们对留守儿童的关心和照顾也不能代替父母对留守儿童的爱。因此，父母可以与照料者、老师多沟通，了解儿童在家和在学校的实际表现、需要解决的问题等，掌握儿童成长和学习的第一手资料，针对存在的问题共同分析原因，查找解决办法，依法履行对未成年子女的监护职责和抚养义务。此外，父母还可以和老师加强联系，交换信息，一起协助指导照料者更多采取宽容、民主的教养方式，即便难以在学业上为留守儿童提供有效帮助，也可以努力培养他们学习的兴趣，帮助他们养成良好的学习习惯，促进照料者多与儿童沟通，关心儿童的生活、学习和交往，构建良好的、快乐成长的家庭氛围。同时，增加留守儿童与同伴进行交流的机会，鼓励他们多外出和同龄儿童交往，学习独立解决与同伴之间出现的问题，而不是把时间用在看电视、玩游戏上。此外，父母应要求照料者适当给留守儿童布置和安排与年龄相宜的一些家务劳动，让留守儿童不仅学会管理自己的学习时间与课余时间，而且学会进行必要的家务活动与劳动锻炼，培养自己独立自主、自我管理的能力和家庭责任感。

二、注意亲子沟通的方式和内容

父母监护和家庭教育的缺失，往往是农村留守儿童出现不良行为甚至违法犯罪的重要原因。长时间不联系会使农村留守儿童对父母产生陌生感和距离感，因此父母外出打工时要经常给留守儿童打电话，让留守儿童时刻感受到父母对自己的关心和爱护。

父母应该尽可能定期回家，离家时长最好不超过半年，或者趁寒暑假儿童去打工城市生活，多陪伴儿童，让他们感受到父母对自己的重视和爱。不能回家时，父母也可以通过手机、网络等多种通信手段，多途径地联系留守儿童，全面了解留守儿童的生活状况和在校情况，与学校、社会形成合力，承担起教育留守儿童的职责。在与留守儿童沟通的过程中，父母要表达更多的鼓励，多用积极的引导，少做消极的批评，多倾听留守儿童的心声和想法，了解他们在学习和生活中遇到的问题和疑惑，对儿童的学习和生活给予一定的指导和帮助。父母教育留守儿童时应以理解、鼓励和表扬为主，多给留守儿童贴积极的、建设性的"标签"，对他们的进步给予肯定和赞赏，并通过以精神鼓励为主适当结合物质鼓励的方式，激发儿童学习和生活的积极主动性，对于儿童的缺点要用适当的方式指出并帮助其改正。父母在亲子沟通中还要结合与照料者、学校教师的联系情况，对留守儿童表现出来的问题具有一定的敏感性，并以具有指导性和启发性的教育方式，培养留守儿童独立处理问题的能力。此外，父母还要注意避免过早留守对亲子沟通的不利影响。过早的留守使儿童难以与父母建立安全型依恋关系，导致儿童出现心理问题后得不到及时发现和解决。

在与留守儿童沟通时，父母还要注意扩大与留守儿童沟通的内容和范围，不仅关心留守儿童的课程学习及物质需求，还要更多地与留守儿童进行情感上的沟通与交流，了解他们的心理和人际交往状况，以及他们在生活、学习中遇到的困难与情绪波动。父母既可以与留守儿童谈谈生活中发生的小事，也可以说说自己在外面的见闻及工作情况，还可以就留守儿童当下遇到的一些较为棘手的具体情况，及时与学校教师、照料者共同商讨解决策略和方法，指导儿童以社会认可的、适应性的应对方式去处理问题，做好留守儿童的监督和教育工作。同时，父母还应特别注意对留守儿童进行价值观的引导和自我管理品质的培养，帮助他们树立正确的观念，增强辨别是非的能力，及时纠正他们的不当言行，防止他们因社会上存在的一些消极观念影响而误入歧途。

三、重视农村留守儿童积极、和谐关系的建立

父母不在身边的农村留守儿童，更需要依靠良好的人际关系获得社会支持。外出打工的父母不仅需要注意维持自己与留守儿童良好的亲子关系，帮助儿童形成与照料者的次级安全依恋，而且注意师生关系、同伴关系对儿童个性和社会性发展的影响。

建立和维护良好的亲子关系。首先，农村留守儿童的父母要认识到敏感、温暖、积极的亲子关系对儿童健康人格和社会性发展的重要意义，认识到留守经历对婴幼儿发展安全依恋关系的不利影响，认识到父母作用的无可替代。其次，农村留守儿童的父母还要掌握与儿童保持积极互动、建立亲密关系的有效方法。充分利用现代通信设备与留守儿童进行远程联系，尽量减少留守可能带来的负面影响。父母既要关心留守儿童的学习和衣食住行，也要关心留守儿童日常的喜怒哀乐，对留守儿童的点滴进步给予关注和支持，对留守儿童遇到的烦恼和挫折及时进行指导，成为留守儿童心理上的"安全基地"和"避难所"，帮助留守儿童获得对他人的信任及对自我的认同。

帮助的照料者成为留守儿童次级依恋对象。尽管依恋类型在后期发展中具有一定的稳定性，但随着生命全程依恋观和多重依恋观的兴起，研究发现依恋的发展并不仅仅建立在童年经历的基础上，儿童的依恋动力系统也可能受到新的情境因素影响而发生改变。当父母双方不得不都外出打工时，如果照料者能够对留守儿童求知、安全、爱和归属等方面的情感需求做出及时、敏感而适宜的回应，为留守儿童提供更多的情感支持和慰藉，减少亲子分离带来的无助、失落和孤独等消极感受，那么留守儿童就更容易将部分对父母的依恋转移到照料者身上。因此，留守儿童的父母不但要把爱心和责任心作为选择照料者的第一要素，而且要经常提醒照料者主动与留守儿童进行互动和沟通，敏感捕捉他们的情感需求和行为变化，在积极履行照料责任的同时，发挥良好的家庭功能。

当然，外出打工的父母不能对留守儿童的主要照料者过度依赖，因为照料者对留守儿童的关心和照顾不能代替父母的爱，更为关键的一点是祖辈和父母的家庭教养方式有很大的差别，会影响留守儿童自我概念的发展。

四、提升父母和照料者的综合素质

父母和照料者既是陪伴和照顾农村留守儿童的最重要的人，也是留守儿童教育工作中不可替代的关键力量。因此，父母及照料者的综合素质对留守儿童的成长影响深远。全方位地提高父母和照料者的综合素质和家庭教育水平，可以成为学校教育的有益补充。

　　首先，一定要加强农村留守儿童父母的教育责任意识。由于自身受教育程度偏低，生活处境相对糟糕，不少留守儿童的父母忽视甚至放弃了自身理应承担的教育责任。他们认为，孩子学习和教育问题都是学校和老师的事情，自己只要负责挣钱养家就可以了。无论社会还是教育行政部门、学校、老师，都应加大宣传力度并严格贯彻落实《中华人民共和国未成年人保护法》和《中华人民共和国义务教育法》，努力帮助家长认识到教育孩子不仅是学校和老师的责任，更是家长应尽的职责。家长是孩子教育的第一责任人，不能以自己文化程度不高、没有时间等为借口，推卸对子女教育的义务和责任。父母和照料者应改变"重养轻教"的做法，牢固树立"子不教，父之过"的责任意识。当提高家庭经济收入与养育和照顾孩子两者无法兼顾时，父母不能将工作、赚钱当作唯一责任，而应适当放弃部分经济收入，把儿童的健康发展放在首要位置，避免把贫穷和工作压力作为忽视儿童的理由。儿童的发展存在一定的关键期，一旦失去教育的最佳时机，今后即使花费更多的时间、精力和金钱也不一定能够取得好的效果，父母一定要把儿童的教育问题放在重要的位置，积极参与儿童的各种活动。

　　其次，农村留守儿童父母的养育知识也亟待更新。有关儿童发展领域的研究成果不断推陈出新，留守儿童父母需要主动学习、吸收教育儿童的新知识，提高自身科学文化素养，及时调整自己的教育观念，改进教育子女的方法，避免仅以自己的成长经验和传统育儿观为指导。同时，留守儿童的父母还要学会分辨对儿童教育有益和有害的观念和做法，抛弃传统教育中存在的一些陈旧过时甚至错误的观念，如"不打不成器""棍棒底下出孝子""读书无用""望子成龙、望女成凤"等。留守儿童的父母不仅要关心留守儿童的学业，更要正确认识留守儿童的能力，善于发现他们的长处和优势，给予他们必要的情感、心理与行为支持，与学校教育形成合力，促进留守儿童的健康成长。

　　最后，提高留守儿童父母的养育技能。农村的许多家长文化素质不高，不知道如何与留守儿童沟通交流，也不知道如何创造融洽、和谐、民主的家庭气氛，营造良好的父子关系、母子关系。事实上，父母应努力做到尊重留守儿童的意见，把儿童尽可能当成独立个体，充分了解儿童的想法、要求和兴趣，引导儿童独立做出选择或决定。父母在教育中应以肯定、支持、鼓励为主。通常儿童都不喜欢父母用命令、催促的口气或嘲笑、否定、贬低的方式与自己谈话。父母应及时肯定与表扬留守儿童，并以适宜的方式指出他们的不足，引导其改正或改进，让留守儿童感受到来自父母的宽容、关爱与温暖。当冲突来临时，父母和留守儿童都要学习如何以适应性的方式面对和处理冲突，如何通过开诚布公的对话来化解矛盾，解决问题。在教育过程中，父母还要特别注意避免专制和溺爱，使家庭教育建立在科学、民主的基础之上。留守儿童的父母及照料者的受教育程度不高，往往会采取简单粗暴的教育方式，达不到教育效果，反而会加剧留守儿童心理问题的产生。父母或照料者还可以让留守儿童适当参加一些家务劳动和农务，让留守儿童通过劳动学会做人、做事，感受和理解父母的付出和艰辛，进而增强克服困难的信心，学会独立生活。

第二节　发挥学校主阵地作用，促进农村留守儿童的健康成长

儿童是国家的希望和未来，确保他们在家庭教育力量弱化甚至缺失的情况下仍能顺利健康地成长，是农村学校和教师的重要任务之一。作为留守儿童活动的重要场所，农村学校应积极主动探讨如何基于留守儿童发展的普遍性和特异性，将日常生活与农村学校现有的教育统一起来，使学校成为留守儿童的"家"，教师成为留守儿童的心理"安全基地"，以便更充分地发挥学校在促进农村留守儿童社会性发展中的关键引领作用。

一、以丰富多彩的集体活动为载体，全面促进农村留守儿童社会性发展

儿童社会性发展过程中获得的情感、知识、技能和行为方式，更多是通过环境的中介作用，以共同实践或活动的形式获得的，而非通过直接灌输的方式习得。儿童在群体性或社会性实践活动中，理解了共同活动的目标，掌握了活动的有关方法和知识，也获得了必需的社会技能、社会情感和社会行为。因此，农村学校应该重视集体活动的重要性，经常组织各种形式的集体活动，鼓励留守儿童积极参与，让他们在共同的社会活动中，理解活动的意义和目标。通过接触具有不同个性的同伴，培养留守儿童的人际交往能力，帮助留守儿童消除孤独感，建立积极的价值观和自我管理意识，调整和规范自身的行为。在各种各样的实践活动中，阅读和文体活动是最切实际、最经济也最具操作性的形式。

以阅读为手段充实留守儿童的课余生活，丰富他们的精神世界。学校应努力营造阅读氛围，带动更多的留守儿童自觉投入阅读，养成良好的阅读习惯。（1）提供阅读资源。通过加强学校图书馆、阅览室建设，定期更新图书，定时向学生开放，给留守儿童提供稳定、丰富的阅读资源，增加他们的课外阅读量，提高他们的读写能力。（2）组织阅读活动。开展各种形式的与阅读有关的集体活动，如诗歌朗诵、讲故事、读书欣赏会、阅读讨论等，给留守儿童提供展现自我、彰显个性、分享交流的平台，激发他们阅读书籍的兴趣，营造浓浓的校园书香氛围，调动他们的阅读兴趣。（3）科学引导阅读。确定专门的教

师负责指导、监督和检查留守儿童的阅读活动，指导他们合理制订阅读计划，从带领留守儿童一起阅读逐渐发展到个性化的自主阅读。一方面教师可以根据学校图书室和班级图书的实际藏书情况，以及留守儿童的个人兴趣和意愿，帮助他们科学选择有实际意义和内容的阅读书目；另一方面教师也可以经常有目的、有计划地向留守儿童推荐文学作品中的内容概要、精彩片段，激发他们自主阅读原文的欲望。从阅读过程来看，教师可以和留守儿童共同确定每月、每周的基本阅读时间和阅读量，通过言语鼓励、阅读方法指导和阅读效果的反馈等方式，帮助留守儿童养成良好的阅读习惯，促使他们增长知识、明白道理，树立辩证的、科学的人生观。

　　文体活动是促进儿童社会性发展的另一个重要途径。学校要组织丰富多彩的课余活动，鼓励留守儿童积极参与校园集体活动。通过举办主题班会、体育活动、游戏活动、趣味活动、才艺展示活动、黑板报评选、志愿者活动、演讲比赛等各种利于留守儿童身心健康发展的文体活动，充分发挥留守儿童的特长、优势，培养他们的爱好。文体活动有助于改善留守儿童的精神状态，减少他们内心的孤独感、烦恼与焦虑。同时文体活动通过给留守儿童提供展示自我的平台，使他们能更好地认识自我、表现自我，形成更加积极的自尊和自我概念，提升自我管理能力。文体活动还有助于留守儿童建立良好的人际关系。通过和不同年龄段、不同心理发展特征的人在一起合作、交流，可以帮助留守儿童意识到个人在集体中的重要性，感受到班集体的温暖和互助互爱氛围，提高他们的安全感和归属感。此外，教育行政部门和学校应大力增加对农村体育场地、硬件设施建设的资金投入，根据农村学校的实际情况因地制宜设计体育课程，改变当前农村学校体育设施简陋、体育器材和场地不足、儿童身体锻炼受限的窘境，还可以适当增加趣味体育活动项目的开发和设计，充实留守儿童的课余生活。

二、以农村教师为主体，积极承担农村留守儿童社会性发展的重要职责

　　农村留守儿童人生经验不足、自控能力不强、辨别是非能力欠缺，需要成人的支持和帮助。教师是农村留守儿童心目中的权威与可信赖的对象，在儿童社会性发展中承担着不可替代的重要角色。

　　第一，建立一支高素质、专业化的农村师资队伍，是促进留守儿童社会性发展的重要保证。首先，农村学校和教师要转变教育观念和教育教学行为，更多重视儿童核心素养和自我发展能力的培养，通过赏识教育发现、展示留守儿童的长处和优势，提升他们的自信心，确立面向农村社会现实需求、兼顾就业和升学、培养新型职业农民的教育教学目标。其次，积极组织农村教师参加脱

产培训和专题讲座，接受心理健康知识的学习。教师通过学习要认识到学生的心理健康不仅涉及认知和学习，还包括人格和情绪、人际交往、自我意识等方面的社会性发展，了解儿童社会性发展的重要意义；提高对农村留守儿童社会性发展问题的敏感度，关注留守儿童所处的发展困境和特殊心理需求，掌握一定的心理健康教育方法和技巧。

第二，建立农村留守儿童心理健康档案，为教师制订教育干预方案提供基础性信息。教师通过与留守儿童、家长及照料者聊天谈话等方式，全面了解并记录留守儿童家庭状况、照料情况、学习情况、生活情况等方面的个人基本信息，以及留守儿童与父母的联系情况、与照料者和同学、朋友的相处情况、可能存在的心理与行为问题等。这样，借助于心理健康档案，教师不但可以从全局上掌控留守儿童的数量、发展状况，筛选出重点帮扶对象，而且可以及时发现留守儿童的问题，并根据问题的共性和个性，通过集中讨论、分析，确立具体的、有针对性的工作方案和教育对策。

第三，建立民主、和谐的师生关系，提升教师的教育管理成效。作为农村留守儿童心目中的重要他人，教师要把自己定位为留守儿童发展的引导者、支持者和合作者，而非领导者、组织者和管理者。只有这样，教师和留守儿童之间才有可能进行更多的互动和交往，建立亲密、和谐而稳定的感情联系和师生关系。良好的师生关系有利于教师全方位了解留守儿童，更辩证地分析留守儿童性格中的积极和消极因素，针对留守儿童缺少父母情感关爱和支持的现状，更多从正面给予他们鼓励、肯定与支持。留守儿童感受到教师真诚的理解、善意的照顾与关心后，也会改变对自己的认知，形成更加积极的自我概念和社会态度、社会行为。

三、以家校合为重要途径，着力发挥学校的主导作用

学校教育和家庭教育在影响留守儿童社会性发展的过程中，各自发挥着独特而重要的作用，互为补偿、不可替代。在留守儿童家庭教育功能弱化的时候，学校教育的功能和价值更应该得到充分发挥。但留守儿童的教育工作如果仅仅依靠学校来承担，效果必然大打折扣。加强学校与家长的沟通和交流，建立学校与家庭相互合作，形成教育合力的模式，显然更有利于促进农村留守儿童的健康发展。

家校合作工作要建立在以学校和教师为主导的基础上。与留守儿童家长相比，教师更懂得教育规律，能够采取更具科学性、专业性的措施和方法，具有更明显的教育优势。学校应通过营造家校合作的支持性环境，充分发挥教师在黏合家庭和学校，形成教育合力中的桥梁作用。就家校合作的内容而言，留守儿童的父母、照料者与教师之间应建立正常的信息沟通渠道，保持良性互动，

互相反馈留守儿童在校情况和校外状况。这不仅有利于家长对留守儿童进行全面的了解，而且有利于教师从多方面认识留守儿童，进而促进教师与留守儿童、父母或照料者与留守儿童之间进行多角度的互动，并针对留守儿童的具体情况给予关爱、照顾和辅导等。此外，学校还可以通过建立家校联系热线，召开假期留守儿童家长会，加大对特殊情况留守儿童的家访力度，建立班级微信交流群，召开专题讲座和座谈会等形式，向留守儿童父母传递有关家庭教育的知识和信息，帮助父母和照料者树立以儿童教育为重心的家庭生活观，学会营造良好的家庭氛围，让父母和照料者意识到不仅要关心留守儿童的学习和生活情况，还要注意其心理和情感需求，使父母和照料者真正负担起教育留守儿童的责任。

除了学校的积极引导，留守儿童父母和照料者的配合与支持程度，也是家校合作促进儿童社会性发展取得良好成效的重要因素。父母和照料者是家庭教育的主体，父母需要转变自身观念，重视家庭教育在留守儿童发展中的作用。一方面，照料者需要及时向教师反映留守儿童的在家情况，主动了解留守儿童在校情况及需要注意的问题，配合和支持学校更好地管理儿童；另一方面，无论是父母还是照料者，都要积极学习学校传递的心理学、教育学知识，主动将所学知识运用于留守儿童的教育实践之中，不断提升自己的水平。

四、以心理健康教育为抓手，稳步助推农村留守儿童的社会性发展

有条件的农村学校可以设立专（兼）职心理辅导教师，由他们负责开设心理健康教育课程或定期举办心理讲座、团体心理辅导活动等，加强留守儿童的心理健康专题辅导。针对已经出现心理健康不良倾向或有特殊心理需求的留守儿童，心理健康辅导老师可以运用心理学的专业知识来帮助他们解开心结、释放不良情绪。无论是团体辅导还是个别咨询，都是根据留守儿童心理活动的规律，采取各种方法与措施，调动一切内外积极因素，从学会认识自我、学会学习、学会交往、学会适应等方面，直接或间接地促进留守儿童更好地社会化。

自我意识是指个体对自己及对自己与周围的人和物之间关系的认识，是一个人社会性发展的核心，儿童的自我意识状况对其行为有着非常重要的影响。农村留守儿童的自我意识水平相对较低，因此，针对留守儿童开展自我认识、自我体验和自我监控等方面的教育十分重要。通过自我意识教育，留守儿童可以提高自我认识、自我体验和自我调控的水平，更好地认识和评价自我，学会自尊和自信，战胜自卑，克服焦虑，学会摆脱自我意识方面的困扰。教师要引导留守儿童根据自己的实际情况，制定适合个人发展的近期发展目标和远期发展目标，以目标引领今后的努力方向，不断提升自我管理能力。

中小学阶段学生的主要任务是学习，学习状况无疑会对学生的心理带来重

大影响。农村学校的心理健康教育工作，可以为留守儿童提供必要的学习技能指导，解决他们在学习中产生的具体困难，帮助他们转变不合理的认识和观念，形成乐观进取的学习态度，合理确定学习目标，培养个人的学习兴趣，养成良好学习习惯，掌握各种缓和紧张心理的技能方法，最终顺利完成学习任务。学校要针对留守儿童的学习情况逐一进行分析、分类、分组，落实到每一位具体负责的教师，与留守儿童一起制订学习计划，明确教师帮扶的内容、方式和阶段性成果。

良好的人际关系能够满足儿童对安全感、归属和爱，以及尊重的需要，促进他们进行自我和外部世界的探索，完成独立和自我实现的目标。尽管在校学生以学习为主，其人际关系较少涉及经济利益冲突、家庭与社会责任，比较简单和纯真，但是缺乏父母有效引导和帮助的农村留守儿童还是存在对人冷漠、人际信任度低、情绪不稳定、不善于处理人际关系、不愿意主动与人交往等特点，面临更多的人际关系不良问题。开展人际关系教育就是要培养留守儿童适应社会的交往行为和习惯，掌握合理宣泄情绪、表达情绪的方法，建立和维持和谐融洽的同伴、师生和亲子关系。同时，留守儿童与父母之间的亲子关系也是教育工作者需要关注和辅导的一个问题。亲子关系辅导，不仅可以帮助留守儿童理性认识父母外出打工的必要性，理解父母在外拼搏的艰辛，感恩父母给自己创造更好的生活环境，而且可以促使留守儿童学会正确处理自己与父母的关系，引导他们主动调整自己的行为，给父母打电话、发短信等，增进双方感情。

适应辅导则是帮助儿童在学习、生活发生重大变化时，学会调整自己的观念、态度和行为以达到重新适应的目的。当父母外出打工时，留守儿童必须学会独立安排休闲活动与休闲时间，学会为自己制订各种计划并管理和监督这些计划的有效实施，学会建立健康的生活方式，养成乐观的生活态度和良好的生活习惯等。同时，学校还可以从教育教学、日常生活习惯和行为规范的养成管理方面入手，结合当地留守儿童的实况开展生存教育、安全教育和法制教育，帮助他们学会自我管理、自我保护。

此外，大力提倡和改进农村寄宿制教育，让农村留守儿童能够更好地寄宿在学校读书。一方面，学校的规范化管理，有助于留守儿童养成良好的学习和生活习惯，可以解决不方便就近入学，照料者文化水平偏低、无力照顾和管教留守儿童的困境；另一方面，寄宿制教育也为留守儿童提供更多与同伴交流、学习的机会，借助同龄人之间的亲密情感关系、互帮互助行为，减轻留守儿童因亲情缺失引起的孤独、无助和苦闷的情感体验，满足他们交往的需要，获得积极的情绪体验和人格的健全发展。

第三节　构建社会支持体系，共同关注农村留守儿童发展

农村留守儿童的教育问题不仅与家庭结构的变化密不可分，而且与整个社会的发展、社会环境的变迁息息相关。营造保护、关爱和支持农村留守儿童成长的社会环境，需要由政府发挥主导作用，制定政策法规，牵头相关部门，整合多方资源，搭建服务平台，形成支持留守儿童健康成长的长效机制。

一、健全保护农村留守儿童的工作机制

农村留守儿童关爱服务体系的建立和健全，需要坚持政府负责、部门协同、全民关爱、学校和家庭尽责的原则，发动社会力量。

第一，建立专门负责农村留守儿童关爱服务工作的机构或组织。2018 年8 月，国务院同意建立由民政部牵头的农村留守儿童关爱保护和困境儿童保障工作部际联席会议制度，研究制定相关政策措施，统筹协调和履行留守儿童相关工作的监管责任，这样可以有效避免各部门因工作出发点不同与本位主义影响而出现推诿扯皮、保护和关爱儿童不力的情况。同时，由民政部牵头、多部门统筹，建成留守儿童之家，采用政府购买或社会组织志愿承担等方式，为留守儿童及其家庭提供家教指导、卫生健康、娱乐游戏、身体锻炼、心理疏导等多种形式的儿童关爱公共服务。

第二，积极开展农村留守儿童摸底排查工作。对农村留守儿童的家庭组成、监护处境、安全情况、教育就学、身心状况等进行评估调查，全面、准确了解农村留守儿童数量、分布区域、家庭状况，并定期核实和更新这些信息，建立动态的留守儿童信息资料库，促进精准关爱与帮扶。

第三，建立健全农村留守儿童相关的保护和关爱机制。监护干预、强制报告、应急处置等机制的建立和完善，为关爱和保护留守儿童提供了有力保障。对留守儿童实行困境分类及风险等级评定，对双亲同时长期在外的留守儿童，以及单亲家庭的留守儿童实施重点监测。当留守儿童的合法权益受到损害时，医生、教师、社区管理人员、治安民警等应第一时间向相关部门报告。相关负责机构还可以建立举报系统，开设留守儿童保护热线，及时接受和处理社会公众的投诉、举报或咨询，避免因监护不力致使留守儿童面临溺水、中毒、性侵等方面的意外伤害险境或人身安全问题。

二、完善保障农村留守儿童权益的政策法规

2015 年以来，国家有关部门制定了多个与留守儿童相关的政策法规，对留守儿童的关爱保护和心理健康等问题给出了一揽子的解决方案，这对保障留

守儿童的健康成长具有重要意义。只有在法律法规中进一步明确留守儿童受保护、受教育的权益，留守儿童监护人的法律意识、留守儿童权益保护意识和监护责任意识才能得到进一步强化，政府部门也才能更好地依法依规实施监督与指导。

留守儿童的监护制度应明晰父母和照料者的监护职责、义务责任和素养要求，形成与监护人的监护权息息相关的制度，使留守儿童的保护工作更具可操作性。目前除了国家层面的基础性法律法规外，还有专门针对关爱留守儿童，保护其相关权益的政策法规，如2016年2月国务院颁布的《国务院关于加强农村留守儿童关爱保护工作的意见》（国发〔2016〕13号），要求从强化家庭监护主体责任、落实县、乡镇人民政府和村（居）民委员会职责、加大教育部门和学校关爱保护力度、发挥群团组织关爱服务优势及推动社会力量积极参与5个方面，完善农村留守儿童关爱服务体系，建立健全农村留守儿童的保护机制。全国多省市也出台了一系列关于加强农村留守儿童关爱保护工作的实施意见或方案。根据2018年《中国留守儿童心灵状况白皮书》，3 415名留守儿童的调研样本，其中约40％的儿童一年与父母见面的次数不超过2次，约20％的儿童一年与父母联系的次数不超过4次。良好的亲子陪伴是儿童健康成长的必备条件，政府还应制定与完善补充性规定或司法解释，从法律上明确界定政府、社会、学校、家庭（父母或照料者）对留守儿童应负的法律责任与应承担的义务，并增加父母或照料者的强制性监护执行条款，强化农村留守儿童父母的监护责任，提升对不履行监护责任的认定和处罚的可操作性。对由落实监护责任不到位，甚至造成留守儿童受到严重伤害的父母，对有条件和具有监护能力而不履行监护责任的团体机构，对承诺充当留守儿童照料者而不履行照料职责者，必须依据相关法律规定追究法律责任。同时，政府还可以通过提供更多的本地创业、就业机会，鼓励务工人员近距离就业。对有意回乡务工或创业的人员，特别是已经具备一技之长或者拥有部分创业资金的外出务工人员，政府不仅要从财政、金融、税收等方面制定和完善相关的优惠扶持政策，而且可以有针对性地推荐用工岗位和创业项目信息，加强外出务工人员的职业技能培训，提升外出务工人员创业就业能力，为外出务工人员返乡创业、就业提供便利和优惠条件，引导农村富余劳动力就地消化，使父母更好地履行监护职责，使农村儿童享有更完整的亲情和陪伴。

三、完善农村留守儿童成长的学校、社区和社会环境

关爱和保护农村留守儿童，还需要对儿童成长的学校环境、社区环境和社会环境进行合力整治和有效监管，这样才能更好地促进儿童的社会性发展。

各地各级政府和教育行政部门应通过增加对农村学校人、财、物的投入，

进一步完善对农村学校的管理。主要举措有：(1)加强农村中小学师资队伍建设。通过适当增加农村学校教师编制，提高乡村教师的社会保障和工资报酬，以及采用优惠政策鼓励优秀教师、师范生和有志于基层教育的大学生去农村任教，保证乡村师资队伍的稳定。同时，把有关留守儿童的教育情况作为乡村教师绩效考评和职称晋升的重要指标。(2)增加农村义务教育阶段的财政投资。财政支持主要用于保证农村教师工资、津贴、补助能够按时和足额发放，改善学校环境，提高设施设备质量，特别是要加大对农村寄宿制学校的资金投入，配备相应的生活配套设施和生活辅导老师等，切实满足留守儿童学习与住宿的需要。(3)加快农村住宿制学校建设。寄宿制学校除承担教育职责外，还承担着留守儿童家庭教育和社会教育的职责。在寄宿制学校里，留守儿童不仅可以拥有教师的严格监督和细心关照，而且能获得同学伙伴的互帮互助和亲密支持，养成良好的学习、生活习惯。(4)督促学校承担监督和培训父母、照料者的重要工作。学校不仅要常态监控或督查留守儿童监护人的监护情况，密切关注留守儿童的健康成长，而且要组织专家和教师定期对家长进行培训指导，增强留守儿童家长的教育责任感和教育效能。

面向农村大力发展职业教育，让更多的农村留守儿童"有学上、有人管、有前途、有奔头"，改变留守儿童的失学、辍学、失管的局面，提高留守儿童受教育的机会。主要举措有：(1)加强舆论宣传，营造发展职业教育的良好环境。职业教育要利用电视、报纸等传统媒介和互联网、微信等新媒体平台，在全社会引导确立崇尚一技之长、不唯学历唯能力的社会价值观，弘扬"工匠精神"，突出宣传职业教育"入学即就业"的理念，强调毕业生的就业优势，吸引更多农村学生进入职业院校学习。(2)改善办学条件，建设高质量的农村职业技术学校。加大财政投入和扶持力度，努力改变农村职业教育办学条件差、资金资源短缺、基础薄弱的现状，在用地审批、教师培训、招生指标、经费补助及就业政策等方面对职业教育有所倾斜，全面改善农村职业学校的办学条件，增加教学需要的实践实训设备及实习实训基地，让学生更多参与到实际操作环节以提升职业技能，提升农村职业学校办学水平，提高职业教育的吸引力。(3)提高实践教学质量，提升职教生的就业竞争力。首先，改革现有人才培养模式，完善职业教育的专业设置、课程体系，强化实践、实习、实训环节，建设更多的实习基地。其次，构建校企协同培养机制，以市场驱动和就业需求为导向，由企业直接向职业院校提要求、定任务、讲条件、立规矩，通过"购买服务"，实现职业教育的人才培养与市场需求结合、教学内容与岗位能力对接，充分发挥市场对职业教育的"指挥棒"作用，提升职业教育人才与市场实际需要的契合度，保证毕业生的就业率和就业质量。

社区既是政府的基层管理单位，也是留守儿童及其家庭日常生活的具体环境，充分发挥社区的监管功能，有助于构建系统、完整的留守儿童关爱保护体系。主要举措有：(1)明确社区承担关爱保护留守儿童的具体职责。社区应建立留守儿童关爱服务工作小组，主要承担农村留守儿童信息排查、强制报告等工作职责，切实掌握各家各户劳动力工作状况与留守儿童数量、生活与心理情况、经济情况、学习情况等，建立留守儿童档案，及时向公安机关报告留守儿童单独居住、失踪等危险情况。(2)开辟专门的留守儿童社区教育活动区域。通过建设有专业人员指导的社区图书室、绿色网吧、文体活动室等，营造良好的文化氛围和社区教育氛围，为留守儿童学习知识、与父母沟通、娱乐游戏和同伴交往提供具有实践性、趣味性、教育性的校外活动场所，让留守儿童"校内有监护，课余有去处"。(3)开展形式多样的教育帮扶活动。社区可以广泛联系各部门、社会组织，为留守儿童及其监护人普及各种身心健康成长的防护知识，鼓励专业人员和组织对已经出现问题的儿童提供针对性的心理与教育支持，帮助这些儿童及其家庭尽快走出困境。

家庭教育缺位时，处于发展关键期的留守儿童更容易受到社会上不良信息的影响，因此构建留守儿童健康成长的社会环境十分重要。第一，政府部门应该加强监管，注意电视、电影、儿童读物、音像制品、游戏与互联网等对留守儿童的不良影响，重视针对留守儿童养成教育、宣传社会正能量作品的开发，避免格调不高甚至有害作品的播放。第二，相关部门还要加大对校园周边的网吧、游戏厅、录像厅等娱乐场所的整顿和治理，尽量减少这些场所对留守儿童健康发展可能带来的安全威胁和精神污染，给他们创设一个良好的成长环境。第三，重视留守儿童校外活动场所等社会教育机构的建设，更好地引导和促进留守儿童成长成才。支持并鼓励企事业单位、团体与个人捐资兴建图书馆、体育活动场馆、乡村学校少年宫、留守儿童之家、托管中心和服务中心等，为留守儿童提供假期活动场所，以阅读、音乐、绘画、手工等活动丰富留守儿童的校外生活，促进他们综合素质的发展。

四、充分利用社会资源和社会力量

农村留守儿童问题不仅仅是务工人员家庭和儿童自身的问题，更是全社会的问题，各级政府不但要从政策、机制、资金、人员上提供有力保障和支持，还要与各级相关职能部门一起，整合社会资源、调动社会力量，共同探寻有效途径应对留守儿童存在的问题，形成全社会齐抓共管的局面。

应对农村留守儿童的发展困境需要解决经费不足、人力匮乏的问题。政府通过统筹和协调工作，获取更多的资金、人力和机构支持，以及组织间的合作，为留守儿童的关爱和保护工作筹募资金、提供服务。在财政紧张的情况下，政府可以将留守儿童关爱保护工作列入财政预算并设立专项基金，用于保障留守儿童的学习和生活。资金的来源不只可以从地方财政支出，还可以通过网络、电视、广播等加大宣传力度，提高社会各界人士对留守儿童的认识，让更多的个人和机构关注留守儿童的发展与教育问题，吸引社会爱心人士和企业通过捐款、捐助的形式加入关爱留守儿童的队伍。做好专项资金的筹募、管理和监督，确保关爱保护工作正常运转。同时，政府还应发动一切可以发动的社会力量，既包括离退休干部、教师、公职人员、大学生等有责任心、关心未成年人成长的志愿者，也包括企事业单位、商会、协会、社会公益组织等各类机构或组织，多形式、多渠道地开展相关的社会服务活动，帮助解决留守儿童物质层面的需求和精神层面的困惑。例如，某企业"拥抱吧爸爸"公益活动开启"万屏互联"行动，为留守儿童家庭提供免费的视讯服务，增强父母和孩子之间的亲情联结。再如，"森林天使"公益活动，则是全国多省份企事业单位、商会、协会共同携手，为偏远地区的留守儿童提供经济、心理、发展等多方面的援助。

利用社会资源和社会力量，发挥他们的专业优势，既可以直接为留守儿童提供相关的服务，也可以针对父母和照料者开展提高监护质量的系列教育活动。第一，服务于提升留守儿童的学习成效。鼓励志愿者个人或机构，采用书信、电话联系、亲自会面等方式，为留守儿童提供课业辅导，传授知识，特别是组织大学生志愿者，利用节假日或课余时间到乡村支教、送教，满足更多留守儿童认识世界、探索世界的愿望，拓宽他们的视野。第二，服务于提升留守儿童的心理健康水平。针对部分留守儿童存在的心理困惑和健康问题，鼓励社会志愿者或社会公益组织对留守儿童进行一对一的帮扶与干预，帮助他们解决学习动机不强，孤独、焦虑、抑郁、敌对、攻击等不良情绪和行为问题，促进他们树立正确的人生观，养成适应性的性格特征和行为习惯。第三，服务于提升留守儿童父母、照料者的家庭教育质量。借助社会力量和社会资源，开设家长学校，举办家庭教育培训班，帮助父母和照料者树立科学的教育理念，掌握正确的教育方法，提高家庭教育的科学性和有效性，促进留守儿童健康成长。

儿童的社会性发展是一个持续的过程，需要政府、学校、家庭和社会的关心与保护。当前我国农村留守儿童关爱保护工作仍面临一系列严峻挑战和风险，需要进一步完善工作机制，加强管理和服务，出台更深入、更细致的关爱保护举措，齐心协力破解难题，建立全社会共同关心、关爱留守儿童的良好氛围和制度保障。

第四节　培养农村留守儿童积极品质，增强风险抵抗能力

缺少完整家庭引导、关爱的农村留守儿童，不仅需要家庭、学校和社会提

供良好的外部支持，缓解甚至消除其发展与教育问题，而且需要转变观念，采用积极心理学的视角去全面、客观地看待"留守"，努力探索把留守变成推动个体成长的积极力量的途径。唯物辩证法也认为，内因在事物的发展过程中是根本，外因只能通过内因起作用。因此，留守儿童在成长过程中，更需要被关注的是他们自身的积极因素和内在动力。

一、提高农村留守儿童的自我意识水平

元分析研究结果表明（Wang et al.，2015），农村留守儿童由于缺失良好的家庭教育和充分的亲子互动，难以形成完整、准确的自我概念，他们对自身行为、智力、学业成就、身体特点、受欢迎程度等方面的自我概念水平都相对更低。由于自我意识与个体的心理健康状况高度相关，在留守儿童的生活和人际交往中扮演了重要的角色，要促进留守儿童的社会性发展，就必须重视留守儿童自我意识的培养。

留守儿童处于学龄期和青春期，自我意识和独立意识发展迅速。埃里克森认为，这个时期的儿童存在着勤奋与自卑、自我同一性整合与角色混乱的心理冲突，需要个体建立勤奋感、克服自卑感，并把不同方面、不同类型的自我整合起来，使之具有一致性、连续性和连贯性。因此，父母和教师要帮助留守儿童学会全面地认识自己，整合自我中冲突、矛盾的不同部分，坦诚地接纳自我的一切，获得自信心。第一，父母和教师要多关心留守儿童的生活，让他们在实践活动中充分展现自我，对他们的点滴进步给予及时的肯定和认可，帮助他们客观、全面地认识和评价自我。教师对留守儿童应予以关注和鼓励，并提供切实有效的帮助，使他们避免因学习困难、跟不上教学节奏而产生能力低下、妄自菲薄的自卑心理。教师对那些自卑、不自信、内向的留守儿童则要多加鼓励，并设计一些让留守儿童展现自身能力的主题活动，让他们担任一定的班级职务，帮助他们逐步建立自信，获得自我价值感。第二，父母和教师要采用多种方式积极引导留守儿童进行正确的同伴比较，获得客观、全面的自我概念。与享有完整亲情的儿童相比，留守儿童更容易在潜意识中把自己归入留守儿童这一特殊群体之中，区分自己与其他儿童，表现出自我评价过低甚至全面否定自我的倾向，进而感受到更加强烈的孤独感、无助感及自卑心理。父母和教师应鼓励他们通过自我观察和自我分析，通过同伴之间丰富的交流与交往，建立正确的比较观。首先，让留守儿童学会在一定时间范围内拿自己的现在和自己的过去比，只要超越了昨天的自己就给予一定的自我激励。这种纵向比较有利于留守儿童不断地发现自我的长处和优势，接纳自我的不足和缺陷，形成正确的自我认识，并保持自我与经验的一致性，从而避免自卑情绪，表现更自信和积极。其次，让儿童在横向比较时，不要仅与周围的强者相比，也要和那些与

自己水平差不多的人相比。与强者的比较往往会成为鞭策留守儿童积极进取、不断向上发展的动力，而与水平相当的人比较，能够帮助儿童发现自身的优势和长处，维持一定的自尊水平及自我完善、自我发展的信心。

自我控制既是个体社会性发展的重要内容，也是个体实现社会性发展的重要工具。儿童要避免出现社会道德不允许的行为，更好地适应社会，完成社会赋予的任务，就必须学会在无人监督的情况下完成目标任务，学会自我控制。研究发现，父母外出打工会对留守儿童自控能力的发展产生一定影响，使他们既可能存在自我控制过低的情况，表现为容易分心，情绪和行为具有自发性、冲动性，在人际交往中出现更多的攻击行为；也可能存在过度自我控制的现象，表现为行为过度抑制或社会退缩，对新环境缺乏探究兴趣或兴趣狭隘、刻板，很少表达自己的情绪和需要。家庭教育和学校教育是影响留守儿童自我控制能力的两个主要因素，缺一不可。父母和教师应帮助留守儿童学会适宜的自我控制，即在需要控制的时候能牢牢管住自己，在不需要控制时也能随环境的变化很好地放开、放松自己，表现出较强的灵活性。留守儿童的父母要允许并接受儿童表达的内在情感和需要，经常用表扬、拥抱等言语和身体反应对儿童的适当行为表达赞许和肯定，并为他们提供自我控制方法和技能方面的指导，特别注意不能以敌意与放任的态度对待儿童，限制、反感他们的情感表达，只有这样才能更好地强化和培养儿童的自我控制能力。当留守儿童的家庭功能得不到充分发挥的时候，学校则应主动承担起他们的教育工作。教师可以引导留守儿童一起制定自我发展的目标和标准，鼓励和提醒儿童经常性地监控自己的行为是否与标准符合，并及时纠正当前偏离标准的行为。此外，留守儿童的自我控制能力的提高，还需要学校与家庭加强合作，定期进行家访或者组织家长会，交流有关留守儿童的学习和生活情况，并且向家长传授一些有效的教育方式。

二、培养农村留守儿童的积极心理品质

农村留守儿童是自身发展的主导者而非被动的接受者，也是成长和发展的主体，他们最终能否成长为社会的有用之才，主要在于自身是否具有积极发展的愿望和能力，教育、家庭环境等外界因素只对成长或发展起加速或延缓的作用。只有把外界的保护因素和支持力量转化为留守儿童自身成长的动力和能力，才能使留守儿童真正受益，解决留守儿童社会性发展过程中出现的各种问题。

首先，帮助农村留守儿童形成正确的认知，学会积极地看待留守处境。一方面，儿童应该认识到，父母外出务工虽然使家庭结构发生了变化，但同时也使家庭经济情况得以改善，自己并非被父母抛弃了；另一方面，儿童还应该

认识到，这种逆境为自己提供了巨大的教育财富，既是锻炼和磨砺自己的重要机会，也是推动自我成长、奋发向上的积极力量。上述认知方面的积极转变，使留守儿童能更坦然地面对客观现实，在努力学习、克服困难、取得成功的过程中，更容易形成抗逆力、感恩、乐观和自立自强等积极心理品质。每一种积极心理品质，都是个体特有的发展潜能，与留守儿童的心理健康、情绪和行为问题、社会适应等都有着直接或间接的关联，可以有效缓解不利生活事件或成长环境对留守儿童发展的消极影响，有较为显著的支持和保护作用。

其次，帮助农村留守儿童形成良好的行为习惯。行为养成习惯，习惯形成性格，因此积极心理品质的培养有赖于良好行为和习惯的养成。良好的行为习惯一旦养成，就会成为巨大的能动力量。习惯是一种动力定型，是条件反射长期累积和反复强化的结果。(1)明确规则，加强训练。父母和教师不但要给留守儿童提出具体的要求和明确的目标，让留守儿童知道什么能做、什么不能做，以及如何达到目标，而且要通过丰富多彩的实践活动来进行训练和强化。特别对于自制力差的中小学生来说，良好的行为习惯既易产生也易消退。可以让留守儿童在课堂教学、课后自主学习、素质训练、主题班会等活动过程中，反复多次地实践良好行为，积极训练，直到巩固成习惯为止。(2)亲身示范，潜移默化。言传不如身教，成人的一言一行都会对儿童产生潜移默化的影响，是最有效的教育手段。在要求留守儿童养成好习惯的同时，父母和教师首先得做好榜样示范，用行动告诉留守儿童做什么。(3)积极回应，正面强化。父母和教师要善于发现并强化农村留守儿童的闪光点，增强他们人格发展的积极力量，对他们表现出来的积极行为要及时用点头、微笑或者语言予以肯定回应，这种及时回应可以鼓励留守儿童，对他们养成良好行为习惯有着积极的促进作用。

在培养农村留守儿童抗逆力、感恩、乐观和自立自强等积极心理品质的过程中，家庭、学校、社区等环境因素发挥着重要作用。其中特别需要注意的是，农村留守儿童的教育评价指标不应以升学为目标，而应该通过积极的人际关系、合理的发展期望、共同的活动参与等方式，为留守儿童的成长创造宽松的学习和生活氛围，致力于促进留守儿童积极心理品质的发展和健康长远的终身发展。

三、维护农村留守儿童的情绪健康

良好的情绪和情感不仅包括积极情绪多于消极情绪，而且包括善于调节和控制情绪反应。一般来说，情绪反应过于强烈，如狂喜、暴怒、悲痛欲绝、激动不已等，或是消极情绪的体验时间过长，即长时间沉浸在消极情绪中不能自拔，都会影响个体的健康发展。教育工作者需要针对留守儿童在生活和学习过程中出现的情绪情感问题，开展适宜的指导和训练，帮助他们掌握调控不良情绪的有效方法。

第一，形成更多的理性认知。不少理论认为，情绪是在认知的基础上产生和发展起来的，认知方式对个体的情绪与行为具有重要影响。农村留守儿童的认知发展水平还不成熟，尤其在认识和评价某些与自己密切相关的问题时，很容易对自己或他人形成不符实际情况的过高、过低期望，或是过于极端地关注问题中的不利和消极方面，从而产生一些不良情绪或加剧已有的情绪问题。教师和家长可以根据留守儿童现阶段的心理与认知发展水平，联系生活中的实际，培养他们客观、准确地认识和评价自己、他人及生活事件的能力，提高他们的认识水平。父母和教师既要帮助留守儿童学会正确评价自己，正视和接纳自己，也要让他们认识到，事物或现象中总是同时存在有利和不利的方面，要努力认清并放弃其信念的不合理性，学会以合理的思维方式代替不合理的思维方式，适当调整期望，善于发现事物的积极面，建立有利于心理健康的积极认知方式。

第二，构建良好的人际支持网络。儿童在发展过程中，一直存在安全、爱和归属、尊重等需要，而这些需要的满足主要来自家庭、学校、社会的关心和支持。留守儿童处于容易产生困惑和不安的年龄阶段，他们的内心渴望被倾听，但远在异乡打工的父母无法给予及时而充分的关注，身边的隔代长辈或其他亲属又无法走进他们的内心，特别在遭受挫折的时候，亲人、老师或同学的陪伴、劝说和开导对缓解留守儿童的消极情绪就变得十分必要，也是最有力的心理支持。拥有良好而稳定的亲子关系、同伴关系和师生关系，留守儿童产生消极情绪时就可以经常联系父母，向他们汇报自己的情况，也可以在同龄朋友的陪伴下做一些让自己感到快乐或有意思的事情转移注意力，有效避免消极情绪的恶化，还可以从教师那里获得有益的指导和帮助，以适宜的方式应对引发消极情绪的事件。

第三，培养情绪控制和调节的能力。父母和教师帮助留守儿童掌握一些简单的、操作性强的自我调控方法，如合理宣泄和放松训练。但有时不分场合、对象和时机的宣泄会在一定程度上影响留守儿童与他人的关系。留守儿童需要学会选择适当的场景、对象和发泄方式。譬如，通过与自己信任的朋友、家人谈话，写个人微博或日志，给自己写信或写日记，或者在网络上匿名地选择陌生人进行倾诉等方式把烦恼和苦闷倾诉和宣泄出来。父母和教师还可以教给留守儿童一些简单的放松训练方法。譬如，采用呼吸放松和肌肉放松的方法，促使身体和精神由紧张状态转向松弛状态。

此外，维护留守儿童的情绪健康，还需要考虑通过多种途径增加他们的积极情绪体验。譬如，创设轻松活泼、积极向上的校园人文氛围，鼓励留守儿童参与更多的文体活动，营造一个温暖、和谐、融洽、宽松的家庭环境，增加他们的兴趣爱好，使他们保持积极而良好的情绪状态。

四、帮助农村留守儿童体验学习的乐趣

父母不在身边，学习无人看管，缺少家庭教育的正确引导，因此留守儿童常常难以养成良好的学习习惯，在学习兴趣、学习自觉性、行为规范性等方面明显落后于非留守儿童，对学习容易产生抵触和厌倦情绪。帮助留守儿童体验到学习的乐趣，产生自发学习的动力，对家庭、学校和教师都是一个巨大的挑战。

首先，以良好的师生关系引导留守儿童的学习兴趣。许多儿童之所以喜欢某门课，是因为喜欢上课的教师，因此构建良好的师生关系对激发留守儿童的学习兴趣有重要作用。一要带着良好的情绪和态度去上课。与脾气暴躁、上课常常板着面孔的老师相比，学生更喜欢接触和亲近那些面带微笑的教师。教师的训斥、讽刺和嘲笑往往会使学生上课提心吊胆、紧张焦虑，既不能主动投入课堂学习，也无法与教师进行积极互动。二要改进教学方法。上课之前让学生了解本节课的学习目标和学习意义，引导他们将所学内容与自己当下和未来的生活、工作实践紧密联系起来，帮助他们明确学习目的，激发学生学习的内部动机。还要多采用启发式的授课方式，使学生从沉闷的课堂中解放出来，培养学生主动观察、勤于思考和独立解决问题的能力和习惯。三要善于发现留守儿童的闪光点。教师要善于从身边小事中发现留守儿童的进步，赞扬和鼓励他们，让每一位留守儿童都能感受到教师的关心、尊重与呵护，使他充满自信地学习和交往。

其次，重视留守儿童学习习惯的培养和学习方法的辅导。譬如，教师和留守儿童一起制订阶段性的学习计划，以计划和目标引导每天的学习行为，包括课前预习和课后复习的时间安排、目标任务和方法等。预习是课前准备的必备环节，预习的情况不但能够影响学生的学习结果，而且可以充分调动学生主动学习的积极性。艾宾浩斯遗忘曲线说明及时复习十分重要，良好的复习习惯不仅可以巩固知识，而且可以使学生在巩固的基础上产生新的体会。专心听课和学习同样有助于学生的学习，因此，教师要提醒学生学习的时候认真听讲、全身心投入。同时，教师要加强对学生学习方法的辅导。一方面，教师可以适当地向学生传授基本的学习方法，帮助他们掌握分类法、谐音法、联想法等记忆技巧并灵活运用，提高学习效率；另一方面，教师要根据教学要求和学生自身认知水平等特点创设各种教学情境，为他们提供使用和练习这些学习方法的机会。

总之，关爱留守儿童是一个复杂的系统工程，无论是政府机构和社会组织，还是学校团体和家庭监护人，都有责任为留守儿童建搭健康成长的平台，让留守儿童在社会、学校、家庭的关爱中快乐生活，健康成长。

参考文献

安冬，白晋荣．2016．中学生道德敏感性与道德推脱的关系及其干预研究[J]．中国德育(13)：15-19．

毕馨文，魏星，王美萍，等．2018．父母受教育水平与青少年学业适应的关系：父母教养与亲子沟通的中介作用[J]．心理科学，41(2)：330-336．

蔡艳．2005．论教师对儿童同伴关系影响的意义和策略[J]．当代教育论坛(24)：88-89．

曹中平，黄月胜，杨元花．2010．马斯洛安全感—不安全感问卷在初中生中的修订[J]．中国临床心理学杂志，18(2)：171-173．

曹中平，杨元花．2008．亲子分离对留守儿童安全感发展的影响研究[J]．教育测量与评价(理论版)(1)：36-38．

柴唤友，陈春宇，段长英，等．2019．网络亲子沟通与青少年抑郁的关系：线上社会资本的中介作用及其年龄差异[J]．心理发展与教育，35(1)：112-120．

常青，夏绪仁．2008．农村留守儿童人格特征研究[J]．心理科学，31(6)：1406-1408，1405．

常小青．2008．团体辅导在留守儿童心理健康教育中的作用[J]．文教资料(33)：142-143．

车广吉，丁艳辉，徐明．2007．论构建学校、家庭、社会教育一体化的德育体系——尤·布朗芬布伦纳发展生态学理论的启示[J]．东北师大学报(哲学社会科学版)(4)：155-160．

陈红艳，梁彦红，唐占锋．2014．论农村留守儿童的人格特征与应对方式[J]．商洛学院学报，28(2)：78-81．

陈会昌．1994．儿童社会性发展量表的编制与常模制订[J]．心理发展与教育(4)：52-63．

陈会昌，叶子．1997．群体社会化发展理论述评[J]．教育理论与实践(4)：48-52．

陈帼眉．2009．幼儿心理学[M]．北京：北京师范大学出版社．

陈建文，黄希庭．2004．中学生社会适应性的理论构建及量表编制[J]．心理科学(1)：182-184．

陈敏丽，凌霄．2012．武汉市中小学生亲子沟通状况及其与生活质量的关系[J]. 中国学校卫生，33(11)：1323-1325.

陈秋香，宁玉珊，黄钰茜，等 .2017. 大学生亲子沟通的现状研究[J]. 当代教育实践与教学研究(12)：247-248.

陈曙，王京琼 .2016. 体育参与对农村留守儿童身心健康的干预研究[J]. 武汉体育学院学报，50(9)：93-100.

程利国，高翔 .2003. 影响小学生同伴接纳因素的研究[J]. 心理发展与教育(2)：35-42.

程志元，陶婧，方金勇，等 .2021. 留守儿童神经质人格对问题行为的影响及性别差异的调节作用研究[J]. 心理月刊，16(20)：25-27.

池瑾，胡心怡，申继亮 .2008. 不同留守类型农村儿童的情绪特征比较[J]. 教育科学研究(Z1)：54-57.

代金航 .2013. 青少年亲子沟通影响因素研究综述[J]. 吉林省教育学院学报，29(10)：93-94.

董海宁 .2010. 社会化结果：留守儿童与非留守儿童的比较分析[J]. 中国青年研究(7)：31-35.

窦芬，王曼，王明辉 .2018. 大学生同伴依恋与抑郁：自我认同感和宿舍人际关系的中介作用[J]. 中国临床心理学杂志，26(4)：772-775，779.

范方，桑标 .2005. 亲子教育缺失与"留守儿童"人格、学绩及行为问题[J]. 心理科学，28(4)：855-858.

范丽恒，赵文德，牛晶晶 .2009. 农村留守儿童心理依恋特点[J]. 河南大学学报（社会科学版），49(6)：131-136.

范兴华，方晓义，刘勤学，等 .2009. 流动儿童、留守儿童与一般儿童社会适应比较[J]. 北京师范大学学报(社会科学版)(5)：33-40.

范兴华，方晓义，黄月胜，等 .2018. 父母关爱对农村留守儿童抑郁的影响机制：追踪研究[J]. 心理学报，50(9)：1029-1040.

范兴华，余思，彭佳，等 .2017. 留守儿童生活压力与孤独感、幸福感的关系：心理资本的中介与调节作用[J]. 心理科学，40(2)：388-394.

方晓义，戴丽琼，房超，等 .2006. 亲子沟通问题与青少年社会适应的关系[J]. 心理发展与教育，22(3)：47-52.

盖正 .2011. 体育干预对留守儿童社会适应危机的实验研究[D]. 湘潭：湖南科技大学 .

甘剑梅，刘黔敏 .2013. 学前儿童社会教育[M]. 北京：高等教育出版社 .

高华英 .2019. 农村小学高年级留守儿童亲子沟通与心理缺陷的现状及关系研究[D]. 昆明：云南师范大学 .

高琨，邹泓 .2001. 处境不利儿童的友谊关系研究[J]. 心理发展与教育，

17(3)：52-55.

葛静，罗珊 .2011. 农村留守儿童焦虑心理调查研究[J]. 现代教育科学(2)：72-74.

郭本禹，杜飞月 .2013. 中学生道德敏感性的特点研究[J]. 中小学德育(12)：4-7.

郭智慧，韩志红，史永涛，等 .2014. 宝鸡市农村留守儿童孤独感与心理健康状况调查[J]. 中国儿童保健杂志，22(6)：630-632.

韩瀛 .2013. 流动儿童与留守儿童安全感的比较研究[D]. 长沙：湖南师范大学 .

郝程程，凌辉，周立健，等 .2013. 农村留守儿童和非留守儿童问题行为和同伴接受性的比较研究[J]. 社会心理科学(1)：98-103.

郝文，吴春侠，余毅震 .2020. 中国农村留守儿童与非留守儿童攻击行为及影响因素比较[J]. 中国公共卫生，36(8)：1132-1138.

胡昆，丁海燕，孟红 .2010. 农村留守儿童心理健康状况调查研究[J]. 中国健康心理学杂志，18(8)：994-996.

胡义秋，方晓义，刘双金，等 .2018. 农村留守儿童焦虑情绪的异质性：基于潜在剖面分析[J]. 心理发展与教育，34(3)：346-352.

华销嫣，李玮玮，张羽，等 .2018. 流动儿童与留守儿童公正世界信念与抑郁和焦虑的关系[J]. 中国心理卫生杂志，32(2)：142-147.

黄树香，班兰美 .2011. 父母教养方式与青少年人格特征的关系研究[J]. 保定学院学报，24(1)：106-109.

黄月胜，谭青蓉 .2019. 亲子分离与农村小学留守儿童的同伴接纳：社交淡漠的中介作用[J]. 中小学心理健康教育(27)：17-20，23.

黄月胜，郑希付，万晓红 .2010. 初中留守儿童的安全感、行为问题及其关系的研究[J]. 中国特殊教育(3)：82-87.

侯文鹏，李峰，李先宾，等 .2017. 留守儿童人格特征的 Meta 分析[J]. 四川精神卫生，30(3)：222-231.

吉园依，张宇，殷菲，等 .2017. 四川省农村留守儿童抑郁症状及其与自尊及社会支持的关系研究[J]. 现代预防医学，44(2)：239-242.

贾文华 .2012. 农村留守儿童人格特征、应对方式与心理适应性关系[J]. 心理科学，35(1)：142-147.

姜圣秋，谭千保，黎芳 .2012. 留守儿童的安全感与应对方式及其关系[J]. 中国健康心理学杂志，20(3)：385-387.

蒋奖，梁静，杨淇越，等 .2015. 同伴文化压力对青少年物质主义价值观的影响：自尊的调节作用[J]. 中国特殊教育(1)：92-96.

金灿灿，刘艳，陈丽.2012.社会负性环境对流动和留守儿童问题行为的影响：亲子和同伴关系的调节作用[J].心理科学，35(5)：1119-1125.

金小红，王静美.2015.城乡结合部留守儿童的行为问题：亲子分离或家庭教育的影响——基于定量分析的研究[J].教育研究与实验(3)：43-48，57.

琚晓燕.2005.青少年依恋的测量及其与自尊、社会适应性的关系研究[D].杭州：浙江师范大学.

孔金旺.2011.武汉市初中生的行为健康状况及家庭干预研究[D].武汉：华中科技大学.

邝宏达.2019.农村初中留守儿童心理资本：个体、家庭和学校的影响[J].上海教育科研(6)：45-49.

邝宏达，徐礼平.2013.自尊及心理安全感对留守儿童社会适应性的影响[J].中国学校卫生，34(9)：1084-1086.

兰燕灵，李艳，唐秀娟，等.2009.农村留守儿童个性、抑郁症状及影响因素分析[J].中国公共卫生，25(8)：901-903.

李翠英.2011.亲子沟通对农村留守儿童安全感的影响研究[J].中国集体经济(9)：234-235.

李丹，林贻亮.2019.农村留守儿童抗逆力养成机制的解构及启示——基于 chks 理论的个案叙事分析[J].武汉理工大学学报(社会科学版)，32(4)：43-52.

李鉴箫.2018.同侪压力对农村留守儿童社会行为发展的影响[J].山东农业大学学报(社会科学版)，20(4)：38-47.

李光友，冉媛.2018.贵州省 14 岁及以下单独生活留守儿童社交焦虑状况[J].中国学校卫生，39(8)：176-178.

李瑾，徐燕.2016.上海市某区初中生亲子沟通状况分析[J].中国健康教育，32(5)：432-435.

李静.2013.留守儿童心理弹性研究述评[J].学理论(11)：69-70.

李骊.2008.友谊质量、师生关系对初中农村儿童心理安全感的影响[J].文教资料(5)：153-155.

李丽娜，于晓宇，那宇亭，等.2020.人格在留守儿童个体歧视知觉与攻击行为间的中介作用[J].中国健康心理学杂志，28(12)：1806-1809.

李萌.2003.童年中期儿童社会能力与学业成就的关系研究[D].武汉：华中师范大学.

李孟洁，郭丽，周佑英，等.2016.农村学龄前留守儿童心理行为社区家庭工作坊干预[J].中国心理卫生杂志，30(4)：281-286.

李梦龙，任玉嘉，蒋芬.2019.中国农村留守儿童社交焦虑状况的 meta 分析[J].中国心理卫生杂志，33(11)：839-844.

李培，何朝峰，覃奠仁.2010.民族地区留守儿童的情绪调节能力与社会适应[J].安庆师范学院学报(社会科学版)，29(6)：81-85.

李天莉，刘毅.2010.青少年依恋关系与攻击性的相关研究[J].中国电力教育(33)：196-197.

李晓巍，刘艳.2013.父教缺失下农村留守儿童的亲子依恋、师生关系与主观幸福感[J].中国临床心理学杂志，21(3)：493-496.

李永鑫，骆鹏程，聂光辉.2009.人格特征、社会支持对留守儿童心理弹性的影响[J].河南大学学报(社会科学版)，49(6)：127-130.

黎志华，尹霞云，蔡太生，等.2014.留守儿童情绪和行为问题特征的潜在类别分析：基于个体为中心的研究视角[J].心理科学，37(2)：329-334.

连榕，刘建榕.2014.社会性发展迟滞大学生人际互动的行为实验研究[J].心理与行为研究，12(5)：627-632.

梁凤华.2017.农村留守初中生依恋与社会适应能力相关研究——以江西省留守儿童为例[J].当代教育科学(2)：93-96.

梁静，赵玉芳，谭力.2007.农村留守儿童家庭功能状况及其影响因素研究[J].中国学校卫生，28(7)：631-633.

廖传景，吴继霞，张进辅.2015.留守儿童心理健康及影响因素研究：安全感的视角[J].华东师范大学学报(教育科学版)，33(3)：88-97.

林崇德.2009.发展心理学[M].2版.北京：人民教育出版社.

凌辉，张建人，易艳，等.2012.分离年龄和留守时间对留守儿童行为和情绪问题的影响[J].中国临床心理学杂志，20(5)：674-678.

凌宇，曾一方，屈晓兰，等.2016."缺陷"预防与积极青少年发展整合视野下的留守儿童行为研究[J].兰州大学学报(社会科学版)，44(4)：171-176.

刘慧.2012.留守儿童心理韧性与适应性相关研究[D].武汉：中南民族大学.

刘铁芳.2016.安全感的教育意蕴及其实现[J].教育研究(2)：50-56.

刘霞，范兴华，申继亮.2007.初中留守儿童社会支持与问题行为的关系.心理发展与教育[J]，23(3)：98-102.

刘衔华，燕良轼，胡义秋，等.2014.留守儿童健康危险行为的易感性及其与家庭环境的关系[J].中国儿童保健杂志，22(6)：566-568.

刘小先.2011.农村留守儿童人格特征与心理行为问题关系分析[J].中国学校卫生，32(5)：615-616.

刘小先，马梓涵，赵碧冬，等.2016.留守儿童亲子依恋与情绪调节策略的关系研究[J].教育导刊(上半月)(8)：44-47.

刘永刚.2011.农村留守儿童安全感及其影响因素初探[J].社会心理科

学(1)：70-75.

刘照云，朱其志，刘传俊，等.2009.江苏省488名农村留守儿童与非留守儿童人格发展比较研究[J].中国健康心理学杂志，17(3)：379-381.

刘宗发.2013.农村小学留守儿童社会支持与孤独感研究[J].教育评论(2)：33-35.

陆芳.2019.农村留守儿童同伴关系与心理安全感关系及教育应对[J].当代青年研究(6)：78-84.

卢茜，佘丽珍，李科生.2015.留守儿童情绪性问题行为与亲子依恋的相关研究[J].当代教育理论与实践，7(2)：141-144.

罗惠文，盖若琰，徐凌忠，等.2016.外出务工的父母对学龄前留守儿童情绪和行为问题影响的研究[J].中国初级卫生保健，30(2)：70-73.

罗晓路，李天然.2015.家庭社会经济地位对留守儿童同伴关系的影响[J].中国特殊教育，(2)：78-83.

罗钰乔.2017.论家庭环境对小学生社会性发展的影响[D].南昌：江西师范大学.

潘建平.2015.中国农村儿童忽视状况及干预展望[J].中华预防医学杂志，49(10)：850-852.

彭美.2020.农村留守儿童同伴友谊质量与社会适应性的关系[J].中国健康心理学杂志，28(2)：241-246.

彭美，戴斌荣.2019.亲子沟通与同伴友谊质量对农村留守儿童社会适应性的影响[J].中国特殊教育，(9)：70-76.

彭文波，余月.2018.农村留守儿童的同伴关系及引导策略[J].青少年学刊(6)：36-40.

彭运石，胡昆，王玉龙.2017.亲子分离年龄对留守儿童亲子依恋的影响：家庭功能的调节[J].中国临床心理学杂志，25(4)：731-733.

齐格勒.1988.社会化与个性发展[M].李凌，译.北京：北京航空航天大学出版社.

邱玲丽，关海艳.2019.860例农村地区学龄期留守儿童同伴交往能力调查及影响因素[J].中国卫生工程学，18(4)：576-578.

任运昌.2008.高度警惕留守儿童的污名化——基于系列田野调查和文献研究的呼吁[J].教育理论与实践，28(32)：3-5.

申继亮，胡心怡，刘霞.2009.留守儿童歧视知觉特点及与主观幸福感的关系[J].河南大学学报(社会科学版)，49(6)：116-121.

石绍华.1994.中国儿童社会性发展文献数据库(CCSD)的建立[J].心理发展与教育，10(4)：64-65.

税晓燕，宋水英.2021.亲子沟通对大学生心理健康的影响研究[J].产业与科技论坛，20(4)：111-113.

宋静静，佐斌，谭潇，等.2017.留守儿童的自尊在亲子亲合和同伴接纳与孤独感的中介效应[J].中国心理卫生杂志，31(5)：376-381.

宋月萍.2018.父母流动对农村大龄留守儿童在校行为的影响——来自中国教育追踪调查的证据[J].人口研究，42(5)：68-77.

孙晓军，周宗奎，汪颖，等.2010.农村留守儿童的同伴关系和孤独感研究[J].心理科学，33(2)：337-340.

唐玲.2009.青少年依恋量表的编制及留守初中生依恋发展特点研究[D].重庆：西南大学.

万晶晶，周宗奎.2005.社会退缩青少年的友谊特点[J].心理发展与教育，21(3)：33-36.

王东方，杨新华，王思思，等.2019.留守儿童心理弹性与精神病性体验的关系：同伴依恋的调节效应[J].中国临床心理学杂志，27(5)：919-922，927.

王菲，陈素梅.2012.留守儿童家庭教养方式与人格特征的相关研究[J].邢台学院学报，27(4)：28-30.

王莉，徐伟亚，王锋，等.2011.农村留守儿童生活质量及与自尊和个性的关系[J].精神医学杂志，24(3)：186-188.

王丽娟，于璐，熊韦锐.2009.国外青少年亲子沟通研究述评[J].外国中小学教育(7)：43-46.

王树青，张文新，陈会昌.2006.中学生自我同一性的发展与父母教养方式、亲子沟通的关系[J].心理与行为研究(2)：126-132.

王苏，盖笑松.2020.3～7岁儿童的规则内化：家长养育行为与儿童性别、气质的交互作用[J].学前教育研究(2)：68-78.

王淑芳.2010.农村留守儿童的心理弹性及其与依恋应对方式的关系[D].开封：河南大学.

王伟伟.2016.留守儿童问题行为与同伴关系、人格特征的关系研究[J].校园心理，14(6)：393-395.

王晓丹，陈旭.2010.留守儿童与非留守儿童社交焦虑及认知偏差的比较研究[J].四川师范大学学报(社会科学版)，37(2)：57-61.

王晓丽，胡心怡，申继亮.2011.农村留守儿童友谊质量与孤独感、抑郁的关系研究[J].中国临床心理学杂志，19(2)：252-254.

王永丽，林崇德，俞国良.2005.儿童社会生活适应量表的编制与应用[J].心理发展与教育，21(1)：109-114.

王玉花.2010.有童年期留守经历的大学生成人依恋、社会支持与主观幸福感的关系研究[J].心理学探新，30(2)：71-75.

王玉龙，姚治红，姜金伟.2016.农村留守儿童亲子依恋与情绪调节能力的关系：留守时间的调节作用[J].中国临床心理学杂志，24(3)：550-553.

王玉龙，袁燕，唐卓.2017.留守儿童亲子依恋与情绪健康的关系：情绪调节能力的中介和家庭功能的调节[J].心理科学，40(4)：898-904.

王云峰，冯维.2006.亲子关系研究的主要进展[J].中国特殊教育(7)：77-83.

王争艳，雷雳，刘红云.2004.亲子沟通对青少年社会适应的影响：兼及普通学校和工读学校的比较[J].心理科学，27(5)：1056-1059.

王争艳，刘红云，雷雳，等.2002.家庭亲子沟通与儿童发展关系[J].心理科学进展，10(2)：192-198.

魏华，范翠英，周宗奎，等.2011.不同性别儿童的关系攻击、友谊质量和孤独感的关系[J].中国临床心理学杂志，19(5)：681-683.

魏俊彪，孙红亮，张云.2009.大学生亲子沟通类型与价值观的关系[J].中国学校卫生，30(1)：34-35.

温忠麟，叶宝娟.2014.中介效应分析：方法和模型发展[J].心理科学进展，22(5)：731-745.

吴春侠，张艳梅，余毅震.2018.中国农村在校留守儿童攻击行为及影响因素[J].中国公共卫生，34(7)：981-986.

吴念阳，张东昀.2004.青少年亲子关系与心理健康的相关研究[J].心理科学，27(4)：812-816.

吴庆兴，王美芳.2014.亲子依恋、同伴依恋与青少年焦虑症状的关系[J].中国临床心理学杂志，22(4)：684-687.

吴伟华.2016.留守儿童的亲子依恋与自伤行为的关系：社会自我效能感与情绪调节能力的作用[D].长沙：湖南师范大学.

吴文春，陈洵，庄观英.2011.潮汕地区农村留守儿童焦虑现状研究[J].韩山师范学院学报，32(4)：38-41.

夏慧铃，马智群.2018.留守儿童负性生活事件对抑郁的影响：生命意义和自尊的中介作用[J].现代预防医学(4)：622-624，645.

谢倩，陈谢平，刘传军.2018.亲子沟通与青少年吸烟行为：抑郁的中介作用及其性别差异[J].中国临床心理学杂志，26(6)：1204-1207.

谢玉兰.2007.农村留守儿童情绪性问题行为及影响因素研究[D].重庆：西南大学.

辛自强，池丽萍，耿柳娜，等.2007.青少年社会支持评价量表的修订与应用[J]. 中国心理卫生杂志，21(6)：379-381，385.

许传新 .2010. 学校适应情况：流动儿童与留守儿童的比较分析[J]. 中国农村观察(1)：76-86.

许秀芬，聂开银 .2019. 农村留守儿童孤独感与亲子依恋的关系：同伴接纳的中介作用[J]. 太原城市职业技术学院学报(6)：185-187.

徐建财，邓远平 .2008. 农村留守儿童生活经历对大学生人格发展的影响[J]. 长春理工大学学报(社会科学版)，21(6)：123-126.

徐杰，张越，詹文琦，等 .2016. 亲子沟通对青少年社会适应的影响：社会支持的中介作用[J]. 中国健康心理学杂志，24(1)：65-68.

徐礼平，田宗远 .2013. 我国农村留守儿童社会适应性研究现状[J]. 中国儿童保健杂志，21(6)：613-614.

徐文健，冯廷勇 .2017. 留守年龄对留守儿童主观幸福感的影响：人格的中介作用[J]. 西南大学学报(社会科学版)，43(3)：95-102.

严钟连，李容香 .2016. 农村幼儿教师专业发展的特殊性及策略[J]. 东北师大学报(哲学社会科学版)(6)：219-223.

杨婧颖 .2018. 浅析我国农村留守儿童的生存困境及对策[J]. 中国集体经济(15)：160-162.

杨会芹，刘晖 .2014. 生活事件自尊及冗思对初中留守儿童内化情绪问题影响路径分析[J]. 中国临床心理学杂志，22(6)：1107-1110.

杨丽珠，吴文菊 .2011. 幼儿社会性发展与教育[M]. 沈阳：辽宁师范大学出版社 .

杨巧芳 .2013. 青少年孤独感与情绪智力、亲子依恋的关系研究[D]. 重庆：西南大学 .

杨青，易礼兰，宋薇 .2016. 农村留守儿童孤独感与家庭亲密度、学校归属感的关系[J]. 中国心理卫生杂志，30(3)：197-201.

杨通华，魏杰，刘平，等 .2016. 留守儿童心理健康：人格特质与社会支持的影响[J]. 中国健康心理学杂志，24(2)：285-292.

杨晓莉，邹泓 .2008. 青少年亲子沟通的特点研究[J]. 心理发展与教育，24(1)：49-54.

杨娅娟，陶芳标，万宇辉 .2010. 安徽留守儿童抑郁状况及其影响因素分析[J]. 中国学校卫生，31(3)：321-323.

杨炎芳，陈庆荣 .2017. 留守儿童对拒绝性信息的注意偏向[J]. 中国特殊教育(8)：61-66.

杨圆圆，张仲明，郭晓伟，等 .2012. 留守儿童心理健康与父母同伴依恋的关系研究[J]. 中国健康心理学杂志，20(9)：1371-1373.

姚荣英，刘峰，庄蔚然，等.2015.皖北某地区小学高年级留守和非留守儿童攻击行为与父母依恋状况及其关系分析[J].蚌埠医学院学报，40(5)：650-655.

姚治红.2015.农村留守儿童依恋类型与攻击性的关系：情绪调节能力的中介作用[D].长沙：湖南师范大学.

叶子，庞丽娟.1999.论儿童亲子关系、同伴关系和师生关系的相互关系[J].心理发展与教育，15(4)：50-53，57.

尤瑾，郭永玉.2008.依恋的内部工作模型[J].南京师范大学学报(社会科学版)(1)：98-104.

俞国良，金东贤.2003.婚姻关系、亲子关系对3～6岁幼儿心理行为问题的影响[J].心理科学，26(4)：608-611.

俞国良，辛自强.2013.社会性发展[M].2版.北京：中国人民大学出版社.

俞嘉丽，段萃雯，王楷文，等.2018.在押人员道德敏感性及其犯罪预测效果初探[J].杭州师范大学学报(自然科学版)，17(6)：577-581，590.

曾红，黄文庆，黎光明.2010.江西省留守儿童人格特征与应对方式的关系[J].中国学校卫生，31(8)：956-957.

张碧昌，朱焱，余应筠，等.2015.农村留守儿童人格特征分析[J].中国妇幼保健，30(9)：1381-1383.

张超，陈晴川.2018.前农村留守儿童城市融入困境的质性研究[J].安徽行政学院学报，9(5)：82-88.

张慧杰，郭瞻予.2010.离异家庭初中生亲子沟通特点分析[J].中国学校卫生(4)：475-477.

张建端，时俊新，刘国艳，等.2007.幼儿社会性和情绪发展现况研究[J].中国妇幼保健，22(9)：1244-1246.

张峰.2006.青少年亲子沟通心理发展特点研究[J].漳州师范学院学报(自然科学版)，19(2)：121-127.

张光珍，王桑，梁宗保，等.2019.父亲养育对2岁儿童社会性发展的影响：气质的调节作用[J].心理与行为研究，17(1)：38-47，74.

张更立.2017.农村留守儿童孤独感与社会适应的关系：感恩的中介作用[J].教育研究与实验(3)：25-30.

张红艳.2011.农村学前留守儿童社会适应行为现状调查与分析[J].农业考古(3)：222-223.

张莉，王乾宇，赵景欣.2014.养育者支持、逆境信念与农村留守儿童孤独感的关系[J].中国临床心理学杂志，22(2)：350-353.

张连云.2011a.农村留守儿童社会支持与孤独感的关系[J].中国特殊教育(5)：80-84.

张连云.2011b.农村留守儿童的社会关系与孤独感研究[J].中国临床心理学杂志,19(1):123-125.

张明红.2008.学前儿童社会教育[M].上海:华东师范大学出版社.

张庆华,张蕾,李姗泽,等.2019.亲子亲合对农村留守儿童孤独感与抑郁的影响:一项追踪研究[J].中国特殊教育(3):69-75.

张顺,王良锋,孙业桓,等.2007.小学"留守儿童"社交焦虑现状流行病学调查[J].现代预防医学,34(3):441-443.

张偲琪,史耀疆,王蕾,等.2020.城镇化背景下的农村儿童早期发展与其照养人养育行为关系的实证研究[J].华东师范大学学报(教育科学版),38(6):102-115.

张文新.1999.儿童社会性发展[M].北京:北京师范大学出版社.

张文新,张福建.1996.学前儿童在园攻击性行为的观察研究[J].心理发展与教育,12(4):18-22,34.

张艳,何成森.2013a.团体箱庭干预留守儿童同伴关系效果研究[J].中国学校卫生,34(6):740-741.

张艳,何成森.2013b.留守儿童亲子沟通的心理干预[J].中国健康心理学杂志(1):49-51.

张永欣,孙晓军,丁倩,等.2016.儿童人格特质对孤独感的影响:友谊质量的中介效应[J].中国临床心理学杂志,24(1):60-63.

章鸣明,曹召伦,顾晨龙,等.2013.团体箱庭疗法对留守初中生适应不良干预效果研究[J].安徽医科大学学报,48(5):474-477.

赵景欣.2013.养育者行为监控与农村留守儿童的孤独、反社会行为[J].中国临床心理学杂志,21(3):500-504.

赵景欣,刘霞.2010.农村留守儿童的抑郁和反社会行为:日常积极事件的保护作用[J].心理发展与教育,26(6):634-640.

赵景欣,刘霞,李悦.2013.日常烦恼与农村留守儿童的偏差行为:亲子亲合的作用[J].心理发展与教育,29(4):400-406.

赵景欣,刘霞,张文新.2013.同伴拒绝、同伴接纳与农村留守儿童的心理适应:亲子亲合与逆境信念的作用[J].心理学报,45(7):797-810.

赵景欣,杨萍,马金玲,等.2016.歧视知觉与农村留守儿童积极/消极情绪的关系:亲子亲合的保护作用[J].心理发展与教育,32(3):369-376.

赵景欣,杨萍,张婷.2015.农村留守儿童学校适应调查[J].中国德育(21):22-26.

赵丽萍,何奎莲,齐飞.2019.运动干预对农村留守儿童心理资本的作用研究[J].内江科技(4):108.

赵莲，凌辉，周立健，等 .2013. 不同监护状况留守儿童的孤独感和友谊质量研究[J]. 中国临床心理学杂志，21(2)：306-308.

赵卫国，王奕丁，姜雯宁，等 .2020. 越轨同伴交往与男性犯罪青少年攻击行为的关系：一个有调节的中介模型[J]. 中国特殊教育(11)：62-69.

赵文德 .2008. 农村留守儿童的依恋及其对生活满意度的影响[D]. 开封：河南大学 .

赵文力，谭新春 .2016. 神经质人格对农村留守儿童焦虑抑郁情绪的影响：希望的中介效应[J]. 湖南社会科学(6)：104-108.

赵燕 ，陈燕 .2015. 农村留守儿童人格特征与心理健康关系研究[J]. 南京晓庄学院学报(5)：108-112.

赵永靖，范红霞，刘丽 .2014. 亲子依恋与初中留守儿童心理韧性的关系[J]. 中国特殊教育(7)：59-64.

郑淮 .2010. 中学生社会性发展的影响因素及其差异性研究[J]. 教育研究与实验(3)：88-92.

郑俊英，许慧，张瑞华 .2010. 农村留守儿童二级错误信念发展与同伴接纳的关系[J]. 教育科学论坛(11)：67-69.

周永红，吕催芳，韦新玲 .2014. 广西农村留守儿童人格特质特点及其影响因素研究[J]. 现代生物医学进展(18)：3550-3554.

周玉明，戚艳杰，张之霞，等 .2019. 农村 2～3 岁留守儿童的行为问题及人格发展[J]. 中国心理卫生杂志，33(9)：716-720.

周宇峰，胡春霞 .2012. 亲子沟通与青少年自尊的关系研究[J]. 河南教育学院学报(哲学社会科学版)，31(4)：84-87.

周舟，丁丽霞 .2019. 农村留守儿童父母—同伴依恋对心理弹性的影响[J]. 南京晓庄学院学报，35(5)：45-51.

周宗奎 .1997. 亲子关系作用机制的心理学分析[J]. 西南师范大学学报(哲学社会科学版)(2)：50-54.

周宗奎 .1995. 儿童社会化[M]. 武汉：湖北少年儿童出版社 .

朱贝珍 .2017. 留守儿童家庭功能、亲子依恋与孤独感的关系[D]. 长沙：湖南师范大学 .

朱泽军，王宁，周洪波，等 .2019. 心理弹性在高三学生亲子沟通与考试焦虑关系的中介作用探讨[J]. 华北理工大学学报(医学版)，21(4)：317-320.

邹泓 .2003. 青少年的同伴关系——发展特点、功能及其影响因素[M]. 北京：北京师范大学出版社 .

邹泓，周晖，周燕 .1998. 中学生友谊、友谊质量与同伴接纳的关系[J]. 北京师范大学学报(社会科学版)(1)：43-50.

AIKEN L S, WEST S G, RENO R R. 1991. Multiple Regression: Testing and Interpreting Interactions[M]. Sage.

AINSWORTH M D S. 1979. Attachment as related to mother-infant interaction[J]. Advances in the Study of Behavior(9): 1-51.

BARNES H L, OLSON D H. 1985. Parent-adolescent communication and the circumplex model[J]. Child Development: 438-447.

BLASI A. 1980. Bridging moral cognition and moral action: A critical review of the literature[J]. Psychological Bulletin, 88(1): 1.

BOWLBY J. 1973. Attachment and Loss: Volume II: Separation, Anxiety and Anger[M]. London: The Hogarth press and the institute of psycho-analysis.

BOWLBY J. 1977. The making and breaking of affectional bonds: I. Aetiology and psychopathology in the light of attachment theory[J]. The British Journal of Psychiatry, 130(3): 201-210.

BOWLBY J. 1982. Attachment and loss: retrospect and prospect[J]. American Journal of Orthopsychiatry, 52(4): 664.

BRONFENBRENNER U. 1979. The ecology of Human Development: Experiments by Nature and Design[M]. Harvard university press.

BRONFENBRENNER U. 1999. Measuring Environment Across the Life Span: Emerging Methods and Concepts. American Psychological Association.

BRUMBAUGH C C, FRALEY R C. 2006. Transference and attachment: How do attachment patterns get carried forward from one relationship to the next? [J]. Personality and Social Psychology Bulletin, 32(4): 552-560.

BUKOWSKI W M, NEWCOMB A F, HOZA B. 1987. Friendship conceptions among early adolescents: A longitudinal study of stability and change [J]. The Journal of Early Adolescence, 7(2): 143-152.

BUKOWSKI W M, HOZA B. 1989. Popularity and friendship: Issues in theory, measurement, and outcome. Peer Relationships in Child Development [M]. John Wilery & Sons.

CANTERBERRY M. 2011. What underlies security? Neurological evidence for attachment's resource enhancement role[D]. University of Kansas.

CHEN X. 2018. Culture, temperament, and social and psychological adjustment[J]. Developmental Review, 50: 42-53.

CHEN X, LIANG N, OSTERTAG S F. 2017. Victimization of children left behind in rural China[J]. Journal of Research in Crime and Delinquency, 54(4): 515-543.

CHRISTEN M，KATSAROV J. 2016. Moral sensitivity as a precondition of moral distress[J]. The American Journal of Bioethics，16(12)：19-21.

COMPTON W M，CONWAY K P，STINSON F S，et al. 2005. Prevalence，correlates，and comorbidity of DSM-IV antisocial personality syndromes and alcohol and specific drug use disorders in the United States：results from the national epidemiologic survey on alcohol and related conditions[J]. Journal of Clinical Psychiatry，66(6)：677-685.

CONTRERAS J M，KERNS K A，WEIMER B L，et al. 2000. Emotion regulation as a mediator of associations between mother-child attachment and peer relationships in middle childhood[J]. Journal of Family Psychology，14(1)：111.

CUMMINGS E M，GEORGE M R，MCCOY K P，et al. 2012. Interparental conflict in kindergarten and adolescent adjustment：Prospective investigation of emotional security as an explanatory mechanism [J]. Child Development，83(5)：1703-1715.

DALLANORA C R，ZOBOLI E L，VIEIRA M M. 2019. Validation of a Brazilian version of the moral sensitivity questionnaire[J]. Nursing Ethics，26(3)：823-832.

DING G，BAO Y. 2014. Editorial perspective：assessing developmental risk in cultural context：the case of 'left behind' children in rural China [J]. Journal of Child Psychology and Psychiatry，55(4)：411-412.

FEARON R P，BAKERMANS-KRANENBURG M J，VAN IJZEN-DOORN M H，et al. 2010. The significance of insecure attachment and disor-ganization in the development of children's externalizing behavior：a meta-ana-lytic study[J]. Child Development，81(2)：435-456.

FURMAN W，BUHRMESTER D. 1992. Age and sex differences in per-ceptions of networks of personal relationships[J]. Child Development，63(1)：103-115.

RUBIN K H，BUKOWSKI W M，LAURSEN B. 2009. Handbook of Peer Interactions，Relationships，and groups[M]. The Guilford Press.

GOLLWITZER M，SCHMITT M，SCHALKE R，et al. 2005. Asymmetrical effects of justice sensitivity perspectives on prosocial and antisocial behavior [J]. Social Justice Research，18：183-201.

GOODMAN R. 1997. The strengths and difficulties questionnaire：A re-search note[J]. Journal of Child Psychology and Psychiatry，38(5)：581-586.

GOOREN E M, VAN LIER P A, STEGGE H, et al. 2011. The development of conduct problems and depressive symptoms in early elementary school children: The role of peer rejection[J]. Journal of Clinical Child & Adolescent Psychology, 40(2): 245-253.

GRAHAM E, JORDAN L P. 2011. Migrant parents and the psychological well-being of left-behind children in Southeast Asia[J]. Journal of Marriage and Family, 73(4): 763-787.

GUNIA B C, WANG L, HUANG L, et al. 2012. Contemplation and conversation: Subtle influences on moral decisionmaking[J]. Academy of Management Journal, 55(1): 13-33.

HABERSTICK B C, YOUNG S E, ZEIGER J S, et al. 2014. Prevalence and correlates of alcohol and cannabis use disorders in the United States: results from the national longitudinal study of adolescent health[J]. Drug and Alcohol Dependence, 136: 158-161.

HARACHI T W, FLEMING C B, WHITE H R, et al. 2006. Aggressive behavior among girls and boys during middle childhood: Predictors and sequelae of trajectory group membership[J]. Aggressive Behavior: Official Journal of the International Society for Research on Aggression, 32(4): 279-293.

HARTUP W W. 1989. Social relationships and their developmental significance[J]. American Psychologist, 44(2): 120.

HAYES A F, PREACHER K J, MYERS T A. 2011. Mediation and the estimation of indirect effects in political communicationresearch[J]. Sourcebook for Political Communication Research: Methods, Measures, and Analytical Techniques, 23(1): 434-465.

HU H, LU S, HUANG C C. 2014. The psychological and behavioral outcomes of migrant and left-behind children in China[J]. Children and Youth Services Review, 46: 1-10.

HUANG F F, YANG Q, ZHANG J, et al. 2016. Cross-cultural validation of the moral sensitivity questionnaire-revised Chinese version[J]. Nursing Ethics, 23(7): 784-793.

JORDAN J. 2007. Taking the first step toward a moral action: A review of moral sensitivity measurement across domains[J]. The Journal of Genetic Psychology, 168(3): 323-359.

KEILEY M K, BATES J E, DODGE K A, et al. 2000. A cross-domain growth analysis: Externalizing and internalizing behaviors during 8 years of childhood[J]. Journal of Abnormal Child Psychology, 28: 161-179.

KREBS D L, DENTON K. 2005. Toward a more pragmatic approach to morality: a critical evaluation of Kohlberg's model[J]. Psychological Review, 112(3): 629.

LADD G W, BURGESS K B. 2001. Do relational risks and protective factors moderate the linkages between childhood aggression and early psychological and school adjustment? [J] Child Development, 72(5): 1579-1601.

LAU C L. 2010. A step forward: Ethics education matters! [J] Journal of Business Ethics, 92: 565-584.

LAURSEN B, BUKOWSKI W M, AUNOLA K, et al. 2007. Friendship moderates prospective associations between social isolation and adjustment problems in young children[J]. Child Development, 78(4): 1395-1404.

LEWIS M, BROOKS-GUNN J. 1979. Social Cognition and the Acquisition of Self[M]. New York: Plenum Press.

LIAO C, HU Y, ZHANG J. (2014). Measuring the sense of security of children left behind in China[J]. Social Behavior and Personality: an international journal, 42(10): 1585-1601.

LIEBERMAN M, DOYLE A B, MARKIEWIC Z D. 1999. Developmental patterns in security of attachment to mother and father in late childhood and early adolescence: Associations with peer relations[J]. Child Development, 70(1): 202-213.

LUTHAR S S, CICCHETTI D, BECKER B. 2000. The construct of resilience: A critical evaluation and guidelines for future work[J]. Child Development, 71(3): 543-562.

MACCOBY E E. 1994. The role of parents in the socialization of children: An historical overview[J]. Developmental Psychology, 28(6): 1006-1017.

MACCOBY E E, JACKLIN C N. 1980. Sex differences in aggression: A rejoinder and reprise[J]. Child Development: 964-980.

MASLOW A H. 1943. A theory of human motivation[J]. Psychological Review, 50(4): 370-396.

MASLOW A H, HIRSH E, STEIN M, et al. 1945. A clinically derived test for measuring psychological security-insecurity[J]. The Journal of General Psychology, 33(1): 21-41.

MORENO J L. 1937. Sociometry in relation to other social sciences [J]. Sociometry, 1(1/2): 206-219.

MOWER D S. 2018. Increasing the moral sensitivity of professionals [J]. Ethics Across the Curriculum—Pedagogical Perspectives: 73-88.

MUNZ S M, COLVIN J. 2018. Communication apprehension: Understanding communication skills and cultural identity in the basic communication course[J]. Basic Communication Course Annual, 30(1): 172-199.

PALAZZO G, KRINGS F, HOFFRAGE U. 2012. Ethicalblindness[J]. Journal of Business Ethics, 109: 323-338.

PARKER J G, ASHER S R. 1993. Friendship and friendship quality in middle childhood: Links with peer group acceptance and feelings of loneliness and social dissatisfaction[J]. Developmental Psychology, 29(4): 611-621.

PERREN S, GUTZWILLER-HELFENFINGER E, MALTI T, et al. 2012. Moral reasoning and emotion attributions of adolescent bullies, victims, and bully-victims[J]. British Journal of Developmental Psychology, 30(4): 511-530.

PETER T, ROBERTS L W, BUZDUGAN R. 2008. Suicidal ideation among Canadian youth: A multivariate analysis[J]. Archives of Suicide Research, 12(3): 263-275.

PODSAKOFF P M, MACKENZIE S B, LEE J Y, et al. 2003. Common method biases in behavioral research: a critical review of the literature and recommended remedies[J]. Journal of Applied Psychology, 88(5): 879-903.

REST J R. 1984. Research on moral development: Implications for training counseling psychologists[J]. The Counseling Psychologist, 12(3): 19-29.

REYNOLDS S J. 2006. Moral awareness and ethical predispositions: Investigating the role of individual differences in the recognition of moral issues [J]. Journal of Applied Psychology, 91(1): 233-243.

SADLER T D. 2004. Moral sensitivity and its contribution to the resolution of socio-scientific issues[J]. Journal of Moral Education, 33(3): 339-358.

SANSON A, HEMPHILL S A, SMART D. 2004. Connections between temperament and social development: A review [J]. Social Development, 13(1): 142-170.

SCHMOCKER D, TANNER C, KATSAROV J, et al. 2019. An advanced measure of moral sensitivity in business[J]. European Journal of Psychological Assessment, 36(5): 864-873

SEARS R R, MACCOBY E E, LEVIN H. 1957. Patterns of Child Rearing [M]. Row, Peterson and Co.

SELMAN R L. 1980. The Growth of Interpersonal Understanding: Developmental and Clinical Analyses[M]. Academy Press.

SERPELL Z N, MASHBURN A J. 2012. Family-school connectedness and children's early social development[J]. Social Development, 21(1): 21-46.

SHAFFER D R. 2005. Social and Personality Development [M]. 5th ed. Thomson Wadsworth.

SHEK D T. 1997. Family environment and adolescent psychological well-being, school adjustment, and problem behavior: A pioneer study in a Chinese context[J]. The Journal of Genetic Psychology, 158(1): 113-128.

SHI J, CHEN Z, YIN F, et al. 2016. Resilience as moderator of the relationship between left-behind experience and mental health of Chinese adolescents[J]. International Journal of Social Psychiatry, 62(4): 386-393.

SOHR P S L, SCARAMELLA L V, MARTIN M J, et al. 2013. Parental socioeconomic status, communication, and children's vocabulary development: A third-generation test of the family investment model[J]. Child Development, 84(3): 1046-1062.

SPARKS J R. 2015. A social cognitive explanation of situational and individual effects on moral sensitivity[J]. Journal of Applied Social Psychology, 45(1): 45-54.

SPARKS J R, HUNT S D. 1998. Marketing researcher ethical sensitivity: Conceptualization, measurement, and exploratory investigation[J]. Journal of Marketing, 62(2): 92-109.

SROUFE L A. 2005. Attachment and development: A prospective, longitudinal study from birth to adulthood[J]. Attachment & Human Development, 7(4): 349-367.

SULLIVAN H S. 2013. The Interpersonal Theory of Psychiatry[M]. Routledge.

THOMA S J, REST J R, DAVISON M L. 1991. Describing and testing a moderator of the moral judgment and action relationship[J]. Journal of Personality and Social Psychology, 61(4): 659-669.

THORNBERG R. 2010. Schoolchildren's social representations on bullying causes[J]. Psychology in the Schools, 47(4): 311-327.

THORNBERG R, JUNGERT T. 2013. Bystander behavior in bullying situations: Basic moral sensitivity, moral disengagement and defender self-efficacy[J]. Journal of Adolescence, 36(3): 475-483.

TSAI M -H, LIU F -Y. 2013. Multigroup structural equation approach:

Examing the relationship among family socioeconomic status, parent-child interaction, and academic achievement using TASA samples[J]. International Journal of Intelligent Technologies and Applied Statistics, 6(4): 353-373.

UPDEGRAFF K A, HELMS H M, MCHALE S M, et al. 2004. Who's the boss? Patterns of perceived control in adolescents' friendships[J]. Journal of Youth and Adolescence, 33(5): 403-420.

WANG X, LING L, SU H, et al. 2015. Self-concept of left-behind children in China: a systematic review of the literature[J]. Child: Care, Health and Development, 41(3): 346-355.

WEN M, LIN D. 2012. Child development in rural China: Children left behind by their migrant parents and children of nonmigrant families[J]. Child Development, 83(1): 120-136.

WENTZEL K R. 2003. Sociometric status and adjustment in middle school: A longitudinal study[J]. The Journal of Early Adolescence, 23(1): 5-28.

YANG C, LIU X, YANG Y, et al. 2020. Violent disciplinary behaviors towards left-behind children in 20 counties of rural China[J]. Children and Youth Services Review, 114: 105-106.

YARROW M R, SCOTT P M, WAXLER C Z. 1973. Learning concern for others[J]. Developmental Psychology, 8(2): 240-260.

YOU D, BEBEAU M J. 2013. The independence of James Rest's components of morality: evidence from a professional ethics curriculum study [J]. Ethics and Education, 8(3): 202-216.

ZHAO J, LIU X, WANG M. 2015. Parent-child cohesion, friend companionship and left-behind children's emotional adaptation in rural China [J]. Child Abuse & Neglect, 48: 190-199.

ZIMMERMANN P. 1999. Structure and functions of internal working models of attachment and their role for emotion regulation[J]. Attachment & Human Development, 1(3): 291-306.

ZOTOVA O Y, KARAPETYAN L V. 2018. Psychological security as the foundation of personal psychological wellbeing (analytical review)[J]. Psychology in Russia: State of the Art, 11(2): 100-113.